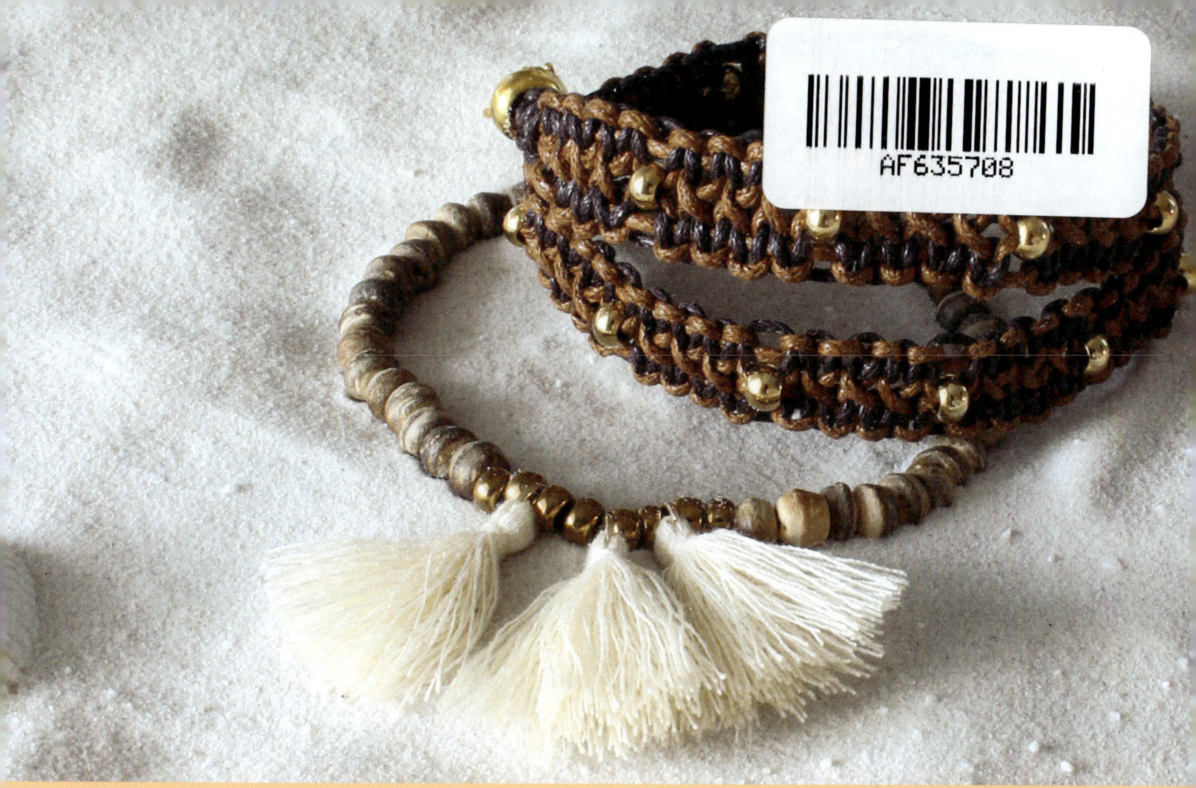

Kennen Sie schon den neuen Boho-Style? Der Begriff leitet sich von „bohème“ ab und wird auch als moderner Hippie-Stil bezeichnet – nur etwas eleganter und weniger schrill. Dieser Look bedeutet für mich Lebensfreude pur. Er ist geprägt von zarten, erdigen Farbtönen und Naturmaterialien wie Holz, Muscheln, Federn oder Leder.

Kreieren Sie zusammen mit mir wunderschöne Ohrringe, Ketten, Armbänder oder Fußkettchen, die Sommerlaune verbreiten. Denn diese Schmuckstücke können wunderbar das ganze Jahr über getragen werden. Suchen Sie sich Ihr Lieblingsmotiv aus und fangen Sie an!

Ich wünsche Ihnen viel Vergnügen und Freude beim Nachmachen

Elke Eder

AF635708

Naturschönheiten

Armband-Set in Gold und Naturtönen

MOTIVLÄNGE
Armbänder: 18 cm bis 22 cm (variabel)

MATERIAL

ARMBAND GEKNOTET MIT PERLEN

- 8 Miyuki Rocailles in Dunkelbraun opak, ø 4 mm
- 6 Großlochmetallperlen in Gold, ø 4 mm
- Metallanhänger Scheibe in Gold, ø 8 mm
- Biegering in Gold, ø 7 mm
- Makrameeband (Nylon), ø 1 mm, in Lachs 30 cm, 45 cm und 60 cm lang

ARMBAND GEKNOTET MIT METALLELEMENT

- Miyuki Rocailles, ø 3 mm, je 6 x in Beige und in Creme Silbereinzug
- Metallanhänger Zweig in Gold, 38 mm x 19 mm
- Makrameeband (Nylon), ø 1 mm, in Lachs 1 x 30 cm und 2 x 45 cm lang

Armband geknotet mit Perlen

1 Auf die 60 cm lange Kordel zwei Rocailles auffädeln und in die Mitte schieben. Nun mit einem Kordelende gegengleich durch die zweite soeben aufgenommene Rocaille fädeln und gleichmäßig festziehen. Eine weitere Rocaille auf einen Strang aufnehmen und mit dem anderen Strang wieder gegengleich durch diese Rocaille fädeln. Auf diese Weise alle Rocailles einarbeiten.

2 Eine Metallperle über beide Stränge fädeln. Mit beiden Strängen zusammen direkt nach der Metallperle sowie nach weiteren 10 cm einen Überhandknoten anfertigen. Auf jedes Kordelende eine Metallperle auffädeln und mit einem Überhandknoten fixieren. Die Kordelenden kürzen und anschmelzen.

3 Die 45 cm lange Kordel durch die erste braune Perle fädeln und doppelt legen. Nun das andere Ende des Armbandes wie unter Punkt 2 beschrieben fertigstellen. Die Metallscheibe mit dem Biegering am Armband fixieren. Beide Bandenden gegengleich aufeinanderlegen und mit der 30 cm langen Kordel einen verschiebbaren Verschluss anfertigen.

Armband mit Metallelement

Eine Kordel mit 45 cm durch die Öse des Metallelementes fädeln, doppelt legen und mit beiden Strängen zusammen direkt am Metallelement einen Überhandknoten anfertigen. Mit einem Strang nach ca. 10 cm, mit dem anderen Strang nach ca. 11 cm einen weiteren Überhandknoten anfertigen. Nun auf jedes Strangende drei Rocailles einer Farbe auffädeln und mit einem Überhandknoten sichern. Die andere Seite des Armbandes ebenso anfertigen. Beiden Bandenden gegengleich aufeinanderlegen und mit der 30 cm langen Kordel einen verschiebbaren Verschluss anfertigen.

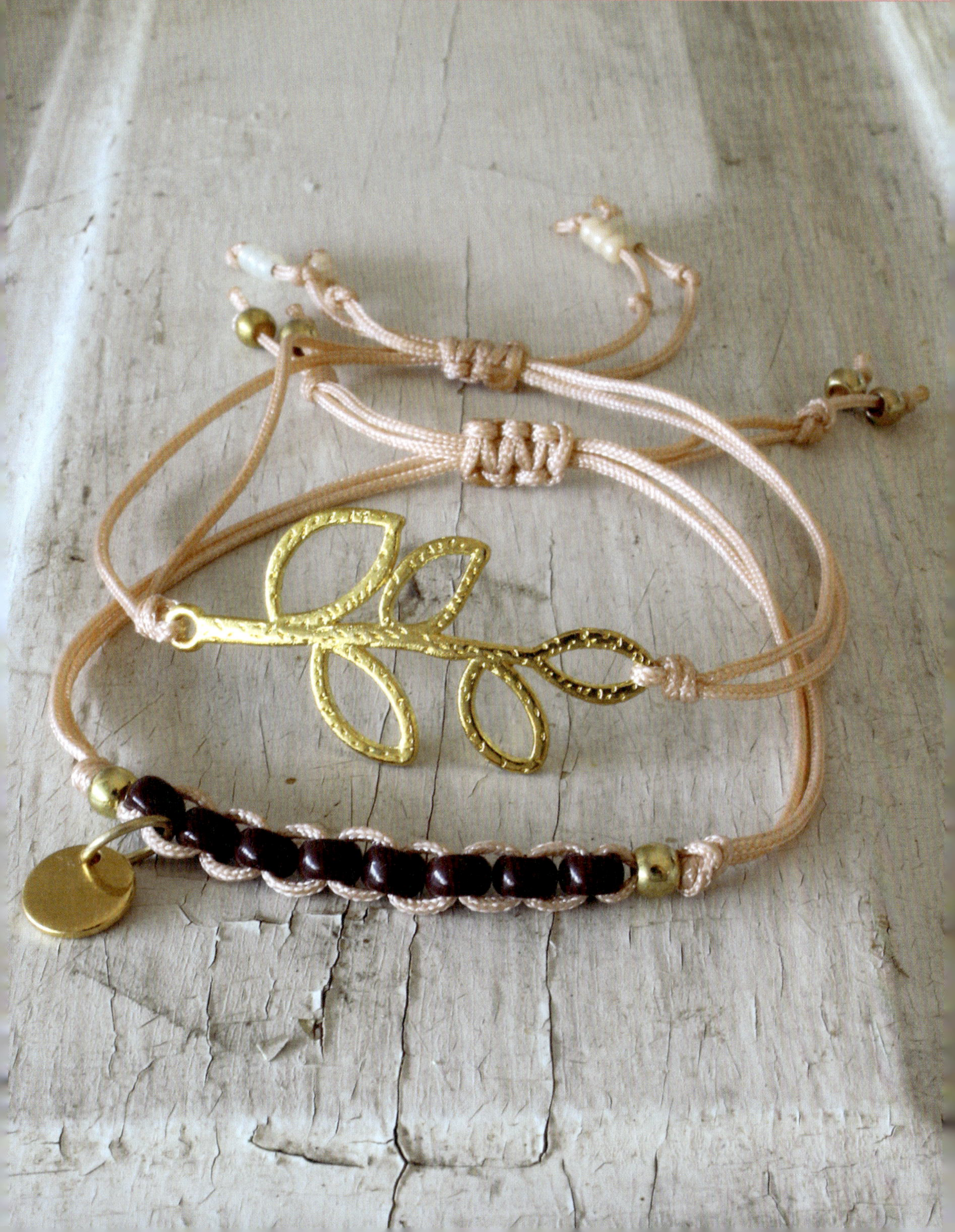

Ein Tag am Meer

Kette und Ohrringe in Silber, Blau und Braun

MOTIVLÄNGE
Kette: 72 cm rundherum + 14 cm Quaste
Ohrringe: 10 cm (ohne Ohrhaken)

MATERIAL
KETTE

- Miyuki Rocailles, ø 4 mm, 56 x in Braun transparent matt, 108 x in Braun opak und 26 x in Türkisblau opak
- 2 Quetschperlen in Silber
- Glasschliffperlen, 4 x 6 mm, 14 x in Montana (Graublau) AB und 10 x Terra (Lachs) AB
- 16 Metallperlen in Silber, ø 4 mm
- Metallelement „Spirale“ in Altsilber mit 2 Löchern, ø 2,6 cm
- Makrameeband (Nylon), ø 1 mm, in Dunkelbraun und Hellblau je 7 x 24 cm lang, in Lachs 6 x 24 cm, 1 x 35 cm lang
- 2 Biegeringe in Silber, ø 8 mm
- Biegering in Silber, ø 6 mm
- Schmuckdraht in Silber, ø 0,45 mm, 80 cm lang

OHRRINGE (FÜR EINEN OHRRING)

- Makrameeband (Nylon), ø 1 mm, in Dunkelbraun 4 x 20 cm lang, in Hellblau 2 x 20 cm lang, in Lachs 2 x 20 cm und 1 x 30 cm lang
- Metallelement „Spirale“ in Altsilber mit 2 Löchern, ø 2,6 cm
- 3 Biegeringe in Silber, ø 6 mm
- 1 Ohrhaken in Silber

Quastenkette

1 Das 35 cm lange Makrameeband zur Seite legen, die übrigen 20 Bänder bündig aufeinanderlegen und durch den Biegering (ø 8) fädeln. Die Bänder doppelt legen und mit dem 35 cm langen Band direkt am Metallring beginnend einen ca. 1 cm langen Wickelknoten (s. Grundanleitung) anfertigen. Die Bandenden alle zusammenfassen und auf die gewünschte Länge kürzen. Anschließend die einzelnen Bandenden anschmelzen (s. Grundanleitung), um ein Ausfransen zu verhindern. Die Quaste mit dem kleinen Biegering (ø 6) am Metallelement einhängen.

2 Ein Ende des Schmuckdrahtes mit einem Stück Klebeband sichern und die Perlen in folgender Reihenfolge auffädeln: 1 x Quetschperle, 4 x Braun opak, 1 x Quetschperle, 36 x Braun opak, 1 x Metallperle, 2 x Türkisblau, 1 x Metallperle, 28 x Braun transparent, 1 x Metallperle, 9 x Türkisblau, 1 x Metallperle, 5 x Terra, 1 x Metallperle, 16 x Braun opak, 2 x Metallperle, 2 x Türkisblau, 1 x Metallperle, 7 x Montana, dann die Kette gegengleich fertigstellen, also beginnend mit 7 x Montana, 1 x Metallperle, 2 x Türkisblau usw. Mit den 36 Perlen in Braun opak enden, dann das Drahtende gegengleich durch die 2 Quetsch- und 4 braunen Perlen vom Anfang fädeln.

3 Die beiden Quetschperlen mit einer Flachzange sichern (s. Grundanleitung). Das Metallelement mit dem übrigen Biegering (ø 8) an der Kette fixieren.

Ohrringe

1 Die acht 20 cm langen Makrameebänder bündig aufeinanderlegen und durch einen Biegering fädeln. Die Bänder doppelt legen und mit dem 30 cm langen Band direkt am Metallring beginnend einen ca. 1 cm langen Wickelknoten (s. Grundanleitung) anfertigen.

2 Die Bandenden alle zusammenfassen und auf die gewünschte Länge kürzen. Anschließend die einzelnen Bandenden anschmelzen, um ein Ausfransen zu verhindern. Die Quaste mit einem Biegering in eine Seite des Metallelementes, den Ohrhaken mit dem letzten Biegering auf der anderen Seite einhängen. Den zweiten Ohrring ebenso anfertigen.

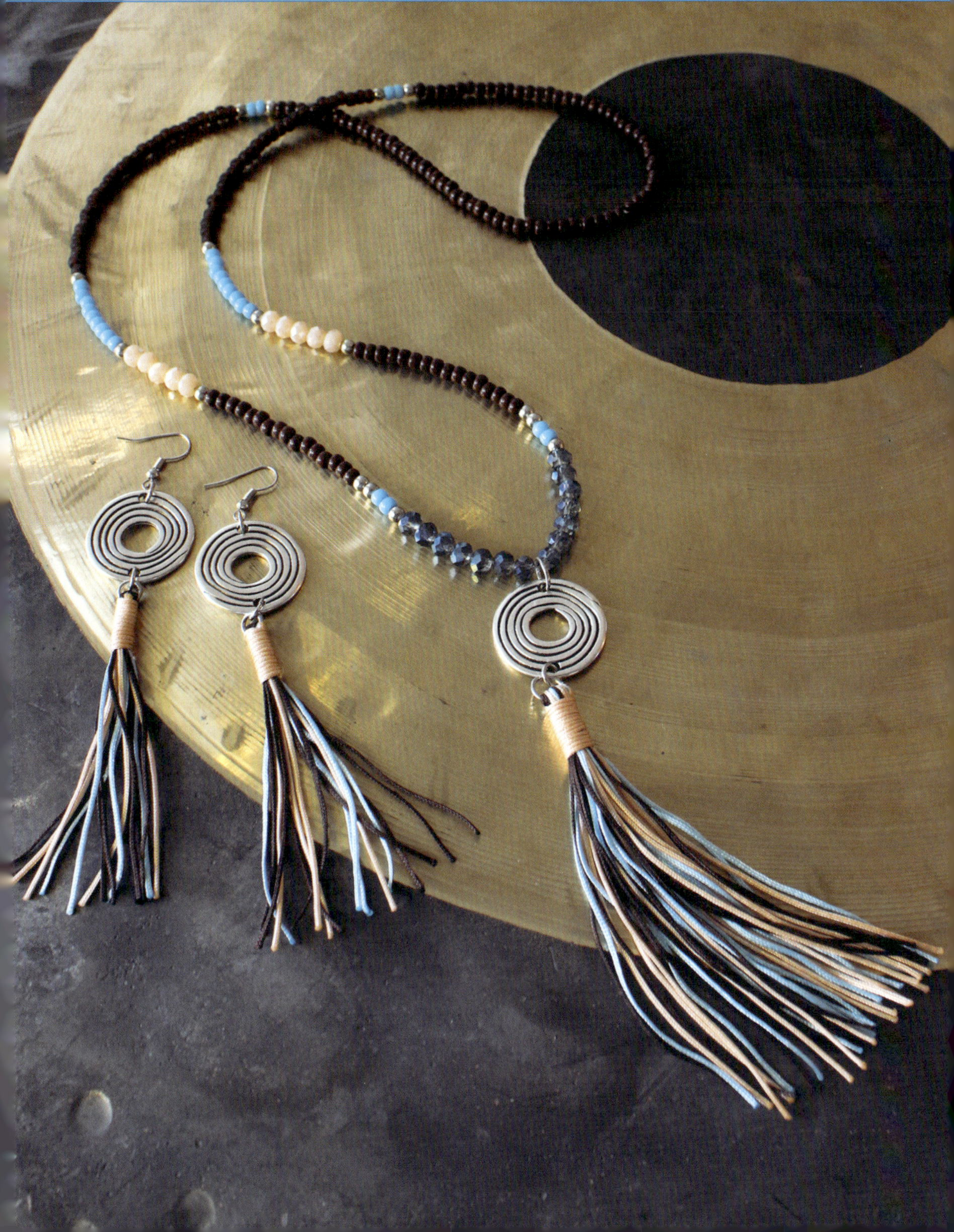

Strandspaziergang

Armbänder in Rosa-Natur

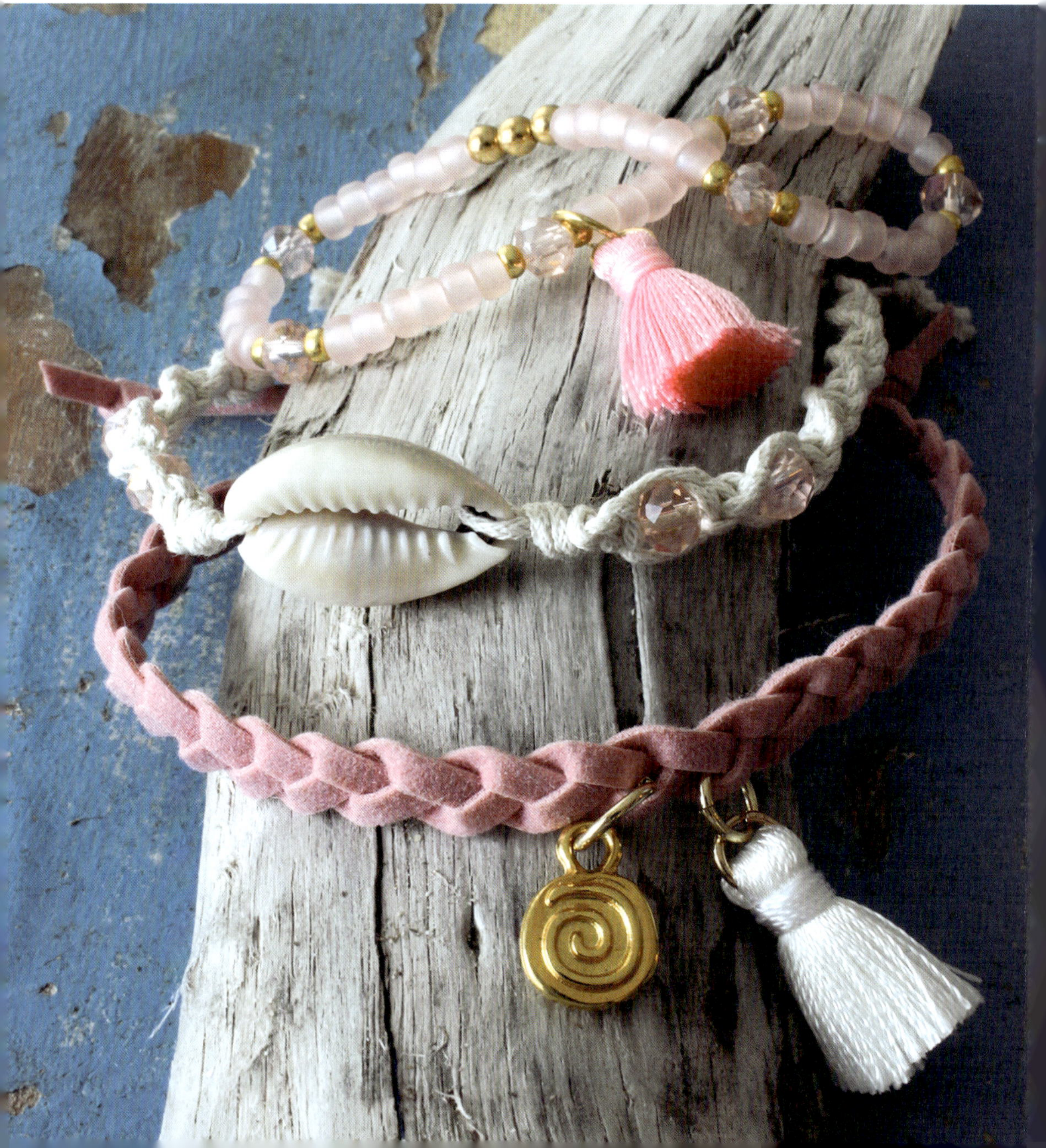

MOTIVLÄNGE
18 cm bis 20 cm (variabel)

Armband mit Quaste: 18 cm

MATERIAL

ARMBAND GEKNÜPFT MIT MUSCHEL

- Muschelperle oval, Rückseite flach, ca. 1,4 cm x 2 cm
- 4 Glasschliffperlen in Rose, 4 mm x 6 mm
- Baumwollkordel in Natur, ø 1 mm, 2 x 27 cm und 2 x 80 cm
- Makrameeband (Nylon), ø 1 mm, in Lachs, 30 cm lang

ARMBAND GEFLOCHTEN

- Velour-Kunstlederband in Rosa, ø 3 mm, 2 x 25 cm und 1 x 40 cm lang
- Metallanhänger „Spirale" in Gold, 9 mm x 12 mm
- Quaste in Weiß, mit Öse, 2 cm lang
- 2 Biegeringe in Gold, ø 7 mm
- Makrameeband (Nylon), ø 1 mm, in Lachs 3 x 30 cm lang

ARMBAND MIT QUASTE

- 42 Miyuki Rocailles in Rose transparent matt, ø 4 mm
- 12 Miyuki Rocailles in Gold, ø 3 mm
- 6 Glasschliffperlen in Rose transparent AB, 4 mm x 6 mm
- 3 Großlochmetallperlen in Gold, ø 4 mm
- Biegering in Gold, ø 7 mm
- Quaste in Rosa, mit Öse, 2 cm lang
- Elastik Cord, ø 0,7 mm, 50 cm lang

Armband geknüpft mit Muschel

1 Eine 27 cm lange Kordel durch eine Seite der Muschel fädeln und so ziehen, dass ein Bandende 7 cm und das andere Ende 20 cm lang ist. Nun mit beiden Bandenden zusammen einen Überhandknoten direkt an der Muschel anfertigen. Die zweite 27 cm lange Kordel durch die andere Seite der Muschel fädeln und ebenso verknoten. Diese Kordeln sind die Leitfäden (s. Grundanleitung). Nun eine Bandseite auf der Arbeitsunterlage fixieren und die andere Seite wie folgt umknüpfen.

2 Die Mitte einer 80 cm langen Kordel mit einem Anknüpfknoten direkt unterhalb des Überhandknotens an den Leitfäden befestigen (s. Grundanleitung). Dabei darauf achten dass die beiden Bandenden gleichlang sind. Vier Wellenknoten knüpfen, dann die kurze Kordel direkt unterhalb des letzten Wellenknotens abschneiden. Über den verbliebenen Leitfaden eine Perle fädeln, ganz nach oben schieben und vier Wellenknoten anfertigen. Nochmal eine Perle auf den Leitfaden fädeln, dann 20 Wellenknoten (bzw. 3,5 cm) knüpfen.

3 Mit allen drei Strängen zusammen nach dem letzten Wellenknoten einen Überhandknoten anfertigen, den kurzen Strang direkt am Knoten abschneiden. Mit den restlichen beiden Strängen nach 5 cm einen weiteren Überhandknoten arbeiten. Die andere Seite des Armbandes ebenso fertigstellen. Beide Bandenden gegengleich aufeinanderlegen und mit dem Makrameeband einen verschiebbaren Verschluss (s. Grundanleitung) anfertigen.

Armband geflochten

1 Die drei Velourbänder bündig aufeinanderlegen. Das 40 cm lange Band ca. 7 cm nach oben herausziehen, dann die drei Bänder an einem Ende mit einem ca. 2 cm langen Wickelknoten (s. Grundanleitung) zusammenfassen. Hierzu eines der Makrameebänder verwenden und den Wickelknoten mit 1 cm Abstand zu den kurzen Bandenden platzieren.

2 Mit den drei Strängen einen ca. 14 cm langen Zopf flechten. Mit einem weiteren Makrameeband wieder einen ca. 2 cm langen Wickelknoten anfertigen. Die zwei kürzeren Velourstränge auf ca. 1 cm, den langen Strang auf ca. 7 cm kürzen. In jedes der langen Bandenden einen Überhandknoten arbeiten. Die beiden Bandenden gegengleich aufeinanderlegen und mit dem übrigen Makrameeband einen verschiebbaren Verschluss (s. Grundanleitungen) anfertigen. Mit den Biegeringen die Quaste und den Anhänger am Armband fixieren.

Armband mit Quaste

1 Das Ende des Elastikfadens mit einem Klebeband sichern, dann die Perlen in folgender Reihenfolge auffädeln: 3 x Metallperlen, * 6 x Rose matt, 1 x Gold, 1 x Glasschliffperle, 1 x Gold. Ab * fortlaufend wiederholen, am Ende nochmal sechs rosefarbene Rocailles auffädeln, dann das Armband mit zwei Doppelknoten verschließen (s. Grundanleitung). Die Quaste mit dem Biegering am Armband fixieren.

Romantische Verwicklungen

Armbänder in seidigem Pastell

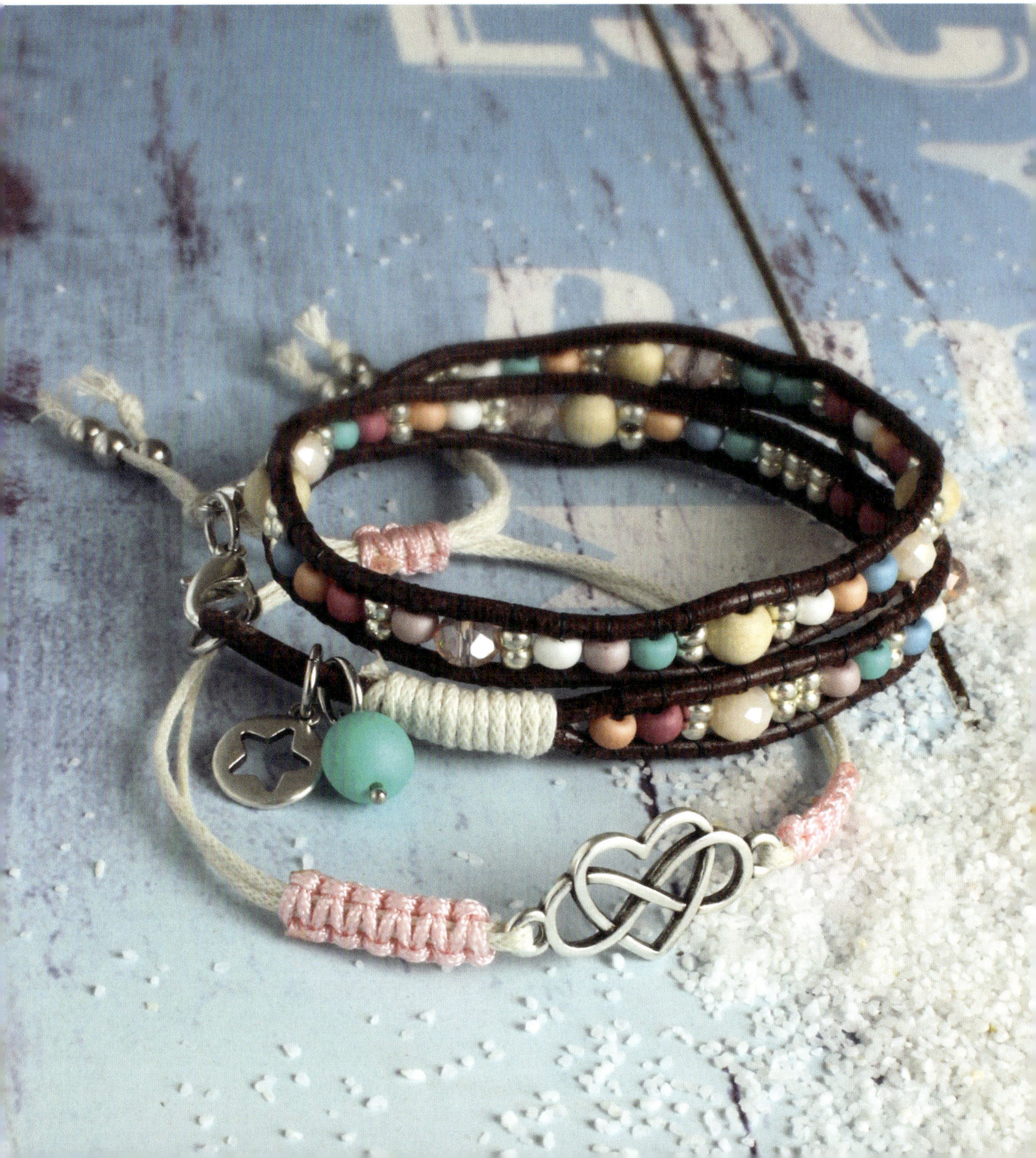

MOTIVLÄNGE
Wickelarmband: 38 cm

Armband mit Metallelement:
18 cm bis 20 cm (variabel)

MATERIAL
WICKELARMBAND

- Lederrundriemen in Dunkelbraun, ø 2 mm, 74 cm lang
- Glasschliffperlen, 4 x 6 mm, 4 x in Rose transparent und 3 x in Beige opak
- 5 Holzperlen in Natur, ø 6 mm
- 56 Miyuki Rocailles in Silber metallic, ø 3 mm
- Rocailles „Silk-Beads", ø 4 mm, je 6 x in Weiß, Aprikot, Petrol, Mintgrün, Bordeaux, Taupe-Brown
- Perle „Silk-Bead" in Mintgrün, ø 8 mm
- Metallanhänger rund mit Stern in Silber, ø 1 cm
- Baumwollkordel in Natur, ø 1 mm, 2 x 30 cm lang
- Endkappe in Silber, ø 4 mm
- Karabinerverschluss in Silber, 1,5 cm lang
- 4 Biegeringe in Silber, ø 7 mm
- Nietstift in Silber, 2 cm lang
- Perlenaufreihgarn in schwarz
- Dünne Nähnadel oder Perlennadel
- Schmuckkleber

ARMBAND MIT HERZ

- 6 Metallperlen in Silber, ø 4 mm
- Metallverbinder „Herz und Infinity" in Silber, 2,5 cm lang
- Baumwollkordel in Natur, ø 1 mm, 2 x 30 cm lang
- Makrameeband (Nylon), ø 1 mm, in Rosa, 30 cm und 2 x 35 cm lang

Wickelarmband

1 Das Lederband doppelt nehmen, in der Mitte des Bandes eine kleine Schlaufe bilden und mit einer Baumwollkordel einen ca. 2 cm langen Wickelknoten (s. Grundanleitung) unterhalb der Schlaufe arbeiten. Das Band oberhalb der Schlaufe auf der Arbeitsfläche fixieren. Vom Perlenaufreihgarn 2 m abschneiden. Ein Ende des Garns am linken Lederband (direkt unterhalb des Wickelknotens) festknoten, dabei das kurze Garnende ca. 10 cm lang lassen.

2 Eine kleine Silk-Bead aufnehmen und diese von unten zwischen die beiden Lederbänder legen. Den Faden von unten nach oben um das rechte Lederband legen und durch die Perle zurückfädeln. Den Faden von oben nach unten um das linke Lederband legen, eine weitere Silk-Bead aufnehmen, den Faden wieder von unten nach oben um das rechte Lederband legen und durch die Perle zurückfädeln. Den Faden wieder um das linke Band legen, zwei silberfarbene Rocailles aufnehmen, den Faden um das rechte Band legen und durch beide Perlen zurückfädeln. Auf diese Weise sämtliche Perlen (bis auf die große Silk-Bead) in beliebiger Reihenfolge einarbeiten, dabei das Garn immer gut festziehen.

3 Wenn alle Perlen eingearbeitet bzw. die Gesamtlänge 34 cm beträgt, mit der übrigen Baumwollkordel direkt nach der letzten Perle einen ca. 2 cm langen Wickelknoten anfertigen. Dann die Lederbandenden auf die Länge der Endkappe kürzen und in dieselbe kleben. Den Verschluss mit dem Biegering an der Endkappe fixieren. Die große Silk-Bead auf den Nietstift fädeln und das Stiftende zur Öse biegen. Die Perle und den Metallanhänger mit je einem Biegering sowie den übrigen Biegering in die Schlaufe am Bandanfang einhängen.

Armband mit Metallelement

Eine Baumwollkordel durch eine Öse des Metallverbinders fädeln und doppelt legen (= Leitfäden). Das Werkstück auf der Arbeitsfläche fixieren (s. Grundanleitung). Ein 35 cm langes Makrameeband mit einem Anknüpfknoten direkt unterhalb des Metallverbinders an den Leitfäden fixieren, dann sechs Weberknoten knüpfen (s. Grundanleitung). Das Makrameeband jeweils auf ca. 2 mm kürzen und durch schmelzen sichern (s. Grundanleitung). Nach ca. 9 cm mit beiden Strängen zusammen einen Überhandknoten anfertigen. Die andere Seite des Armbandes ebenso anfertigen. Beide Bandenden gegengleich aufeinanderlegen und mit dem 30 cm langen Makrameeband einen verschiebbaren Verschluss anfertigen (s. Grundanleitung).

Ein Hauch von Frühling

Schmuckset in zartem Grün, Natur und Gold

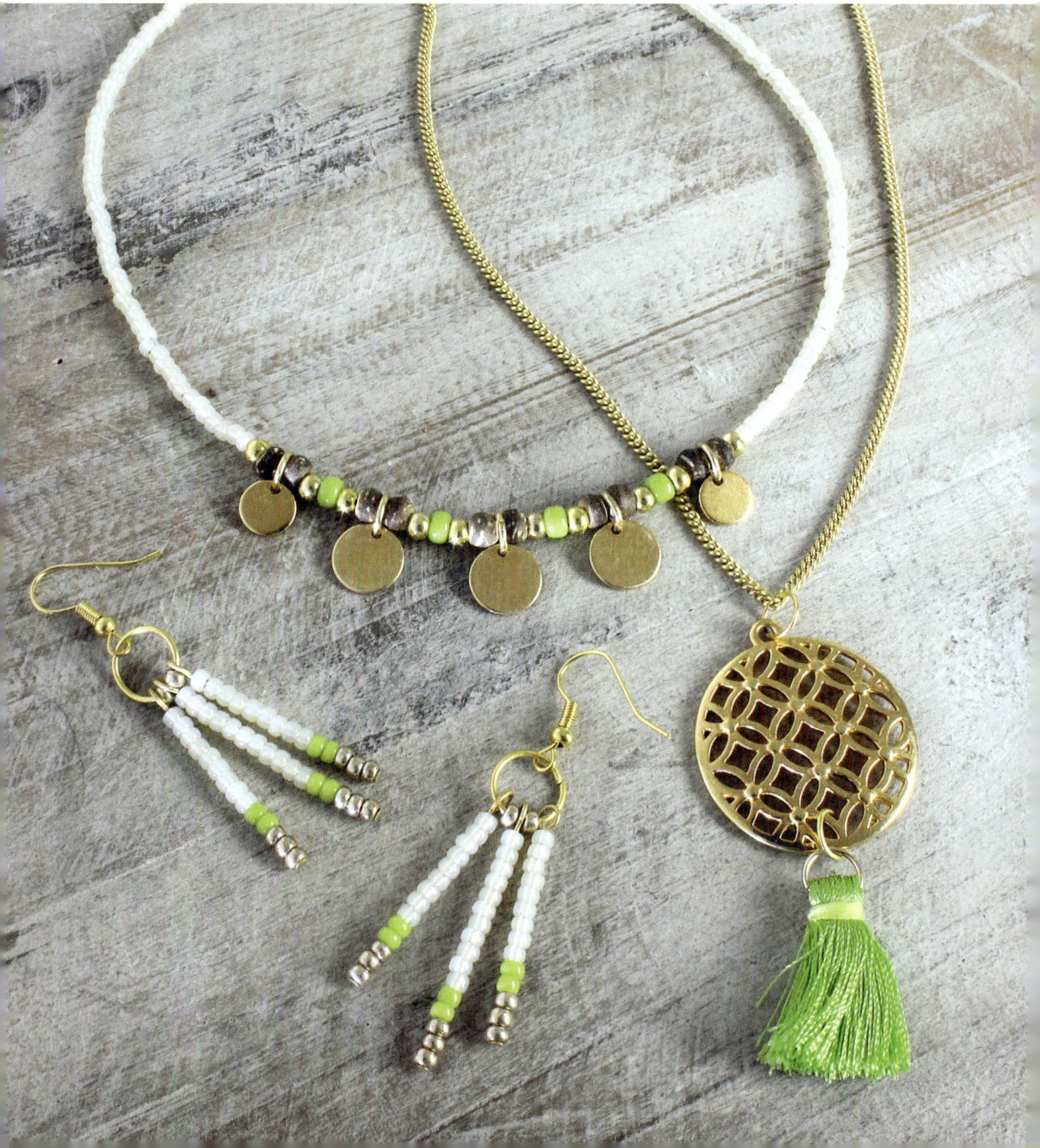

MOTIVLÄNGE

Kette kurz: 47 cm

Kette lang: 62 cm (Anhänger 6 cm)

Ohrringe: 4 cm (ohne Ohrhaken)

MATERIAL

KETTE KURZ

- ca. 190 Miyuki Rocailles in Creme Silbereinzug, ø 3 mm
- 4 Miyuki Rocailles in Hellgrün opak, ø 4 mm
- 10 Kokosnussperlen „Rondell“, ø 5 mm
- 10 Metallperlen in Gold, ø 4 mm
- Metallanhänger „Scheibe“ in Gold, 2 x ø 8 mm und 3 x ø 10 mm
- 6 Biegeringe in Gold, ø 7 mm
- 2 Metallringe geschlossen in Gold, ø 7 mm
- Schmuckdraht, ø 0,45 mm, 50 cm lang
- 2 Quetschperlen in Gold
- Karabinerverschluss in Gold, 1,5 cm lang

KETTE LANG

- Metallanhänger „Blume des Lebens“ in Gold, ø 3 cm
- Quaste in Hellgrün, mit Öse, 2 cm lang
- Ankerkette in Gold, ø 2 mm, 60 cm lang
- 4 Biegeringe in Gold, ø 7 mm
- Karabinerverschluss in Gold, 1,5 cm lang

OHRRINGE (FÜR EINEN OHRRING)

- Miyuki Rocailles, ø 3 mm, 29 x in Creme Silbereinzug, 6 x in Hellgrün opak und 11 x in Gold
- 3 Nietstifte in Gold, 4,5 cm lang
- Biegering in Gold, ø 1 cm
- Ohrhaken in Gold

Kette kurz

1 Je einen Biegering in die Öse der Metallscheiben einhängen und schließen (s. Grundanleitung). Auf ein Ende des Schmuckdrahtes eine Quetschperle und einen Metallring fädeln. Das Drahtende um den Metallring führen und zurück durch die Quetschperle fädeln. Die Quetschperle fixieren (s. Grundanleitung). Nun die Perlen wie folgt auffädeln: 95 Rocailles in Creme, * 1 Metallperle, 1 Kokosnussperle, 1 Scheibe, 1 Kokosnussperle, 1 Metallperle und 1 grüne Rocaille. Ab * noch 4 x wiederholen (4. Wiederholung ohne grüne Rocaille), dabei zunächst eine kleine, dann drei große und eine kleine Scheibe aufnehmen. Die restlichen Rocailles auffädeln.

2 Eine Quetschperle und einen Metallring auffädeln, das Drahtende um den Metallring führen und zurück durch die Quetschperle fädeln. Die Quetschperle fixieren und die Drahtenden abschneiden. Den Verschluss mit dem Biegering an einem Kettenende einhängen.

Kette lang

Je einen Biegering an einem Kettenende fixieren, dabei den Verschluss in einen der Biegeringe einhängen. Die Quaste mit einem Biegering unten mittig am Anhänger anbringen. Den Anhänger mit dem übrigen Biegering an der Kette fixieren.

Ohrringe

Auf zwei der Nietstifte je drei goldfarbene, zwei grüne und neun cremefarbene Rocailles auffädeln. Das Stiftende jeweils zur Öse biegen (s. Grundanleitung). Auf einen weiteren Nietstift drei goldfarbene, zwei grüne und elf cremefarbene Rocailles aufnehmen, das Stiftende ebenfalls zur Öse biegen. Einen kurzen Nietstift in einen Biegering hängen, dann eine goldfarbene Rocaille auf den Biegering fädeln, den langen Nietstift einhängen, wieder eine Rocaille auffädeln. Zum Schluss den übrigen Nietstift und den Ohrhaken einhängen. Den Biegering schließen. Den zweiten Ohrring ebenso anfertigen.

Raffiniert verknüpft

Armbänder in warmen Tönen

MOTIVLÄNGE
Wickelarmband: 39 cm

Armband mit Quasten: 19 cm

MATERIAL WICKELARMBAND

- Baumwollkordel, ø 1 mm, 90 cm in Braun, je 3,8 m in Braun und in Dunkelbraun
- 18 Großlochmetallperlen in Gold, ø 4 mm
- Großlochmetallperle in Gold, ø 8 mm, Innen-ø 5 mm
- Endkappe in Gold, ø 4 mm
- 2 Biegeringe in Gold, ø 8 mm
- Karabinerverschluss in Gold, 1,5 cm lang
- Schmuckkleber

ARMBAND MIT QUASTEN

- ca. 42 Kokosnussperlen „Rondel", ø 5 mm
- 8 Miyuki Rocailles in Bronze, ø 4 mm
- 3 Quasten in Natur, mit Öse, 3 cm lang
- Elastik Cord, ø 0,7 mm, 50 cm lang

Wickelarmband

1 Die drei Kordeln durch einen Biegering fädeln, doppelt nehmen, die große Metallperle über alle sechs Stränge fädeln und diese direkt unter den Biegering schieben. Zum Knüpfen das Band auf der Arbeitsfläche fixieren (s. Grundanleitung). Beide Seiten eines Stranges sind nun jeweils gleich lang und in folgender Reihenfolge von links nach rechts zu platzieren: dunkelbraun, braun kurz, braun lang, braun lang, braun kurz, dunkelbraun.

2 Knüpfen Sie zunächst mit den beiden äußeren Strängen (dunkelbraun) zwei Weberknoten um die vier mittleren Stränge. Nun die Stränge nochmal wie oben beschrieben sortieren.

3 Arbeiten Sie nun mit den drei rechten Strängen einen Weberknoten. Dabei ist der zweite Strang von rechts der Leitfaden (kurz) und wird mit dem ersten und dritten Strang von rechts (lange Knüpffäden) umknüpft. Mit den drei linken Strängen ebenfalls einen Weberknoten anfertigen. Hierbei jedoch zuerst den linken Knüpffaden über den Leitfaden legen, also mit dem eigentlich zweiten Schritt beim Weberknoten beginnen. Dadurch entstehen zur rechten Seite gegengleiche Knoten.

4 *Die beiden mittleren Stränge (braun lang) kreuzen (rechter Strang liegt oben) und mit den drei rechten Strängen einen Weberknoten knüpfen. Mit den drei linken Strängen ebenfalls einen Weberknoten arbeiten, auch hier wieder zuerst den linken Strang über den Leitfaden legen. Ab * noch 2 x wiederholen. Eine Metallperle über die beiden mittleren Stränge (braun lang) fädeln.

5 Punkt 3 und 4 noch 18 x wiederholen, bei der letzten Wiederholung am Ende jedoch keine Perle mehr auffädeln. Das Band sollte nun die gewünschte Länge minus 4 cm haben, also 35 cm lang sein. Nun mit den beiden außenliegenden Strängen (dunkelbraun) zwei Weberknoten um die restlichen vier Stränge knüpfen. Alle sechs Stränge auf ca. 8 mm kürzen und in die Endkappe kleben. Nach dem Trocknen den Verschluss mit dem Biegering in die Endkappe einhängen.

Armband mit Quasten

Das Ende des Elastikcord mit einem Klebeband sichern, dann die Perlen und Quasten in folgender Reihenfolge auffädeln: *2 Rocailles, 1 Quaste, ab * noch 2 x wiederholen. Dann nochmal zwei Rocailles und sämtliche Kokosnussperlen auffädeln. Nun das Armband mit zwei Doppelknoten verschließen (s. Grundanleitung). Den Knoten in die nebenliegende Kokosnussperle ziehen und die Fadenenden abschneiden.

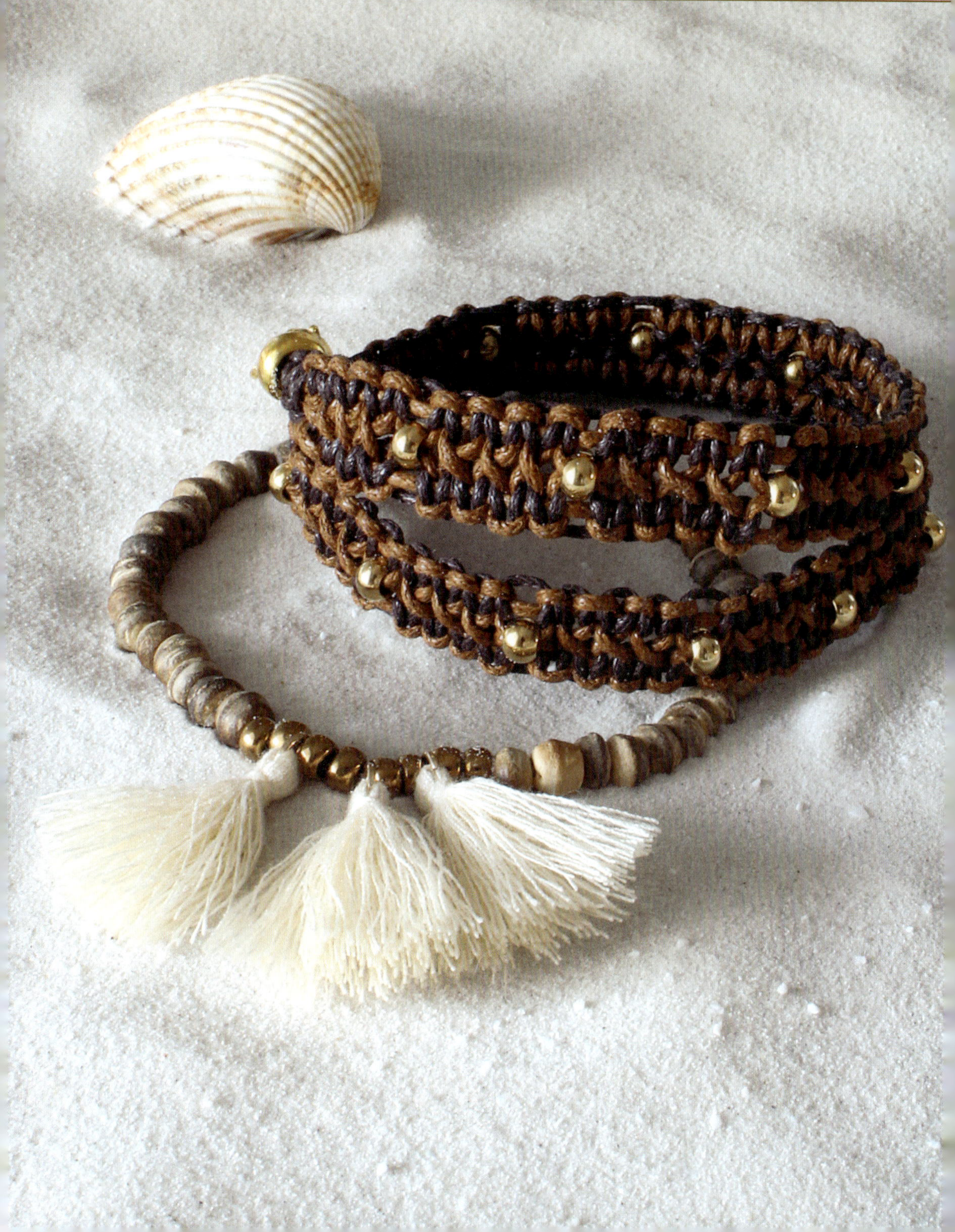

Meeresrauschen im Abendrot

Hippe Fußbändchen in Blau und Orange

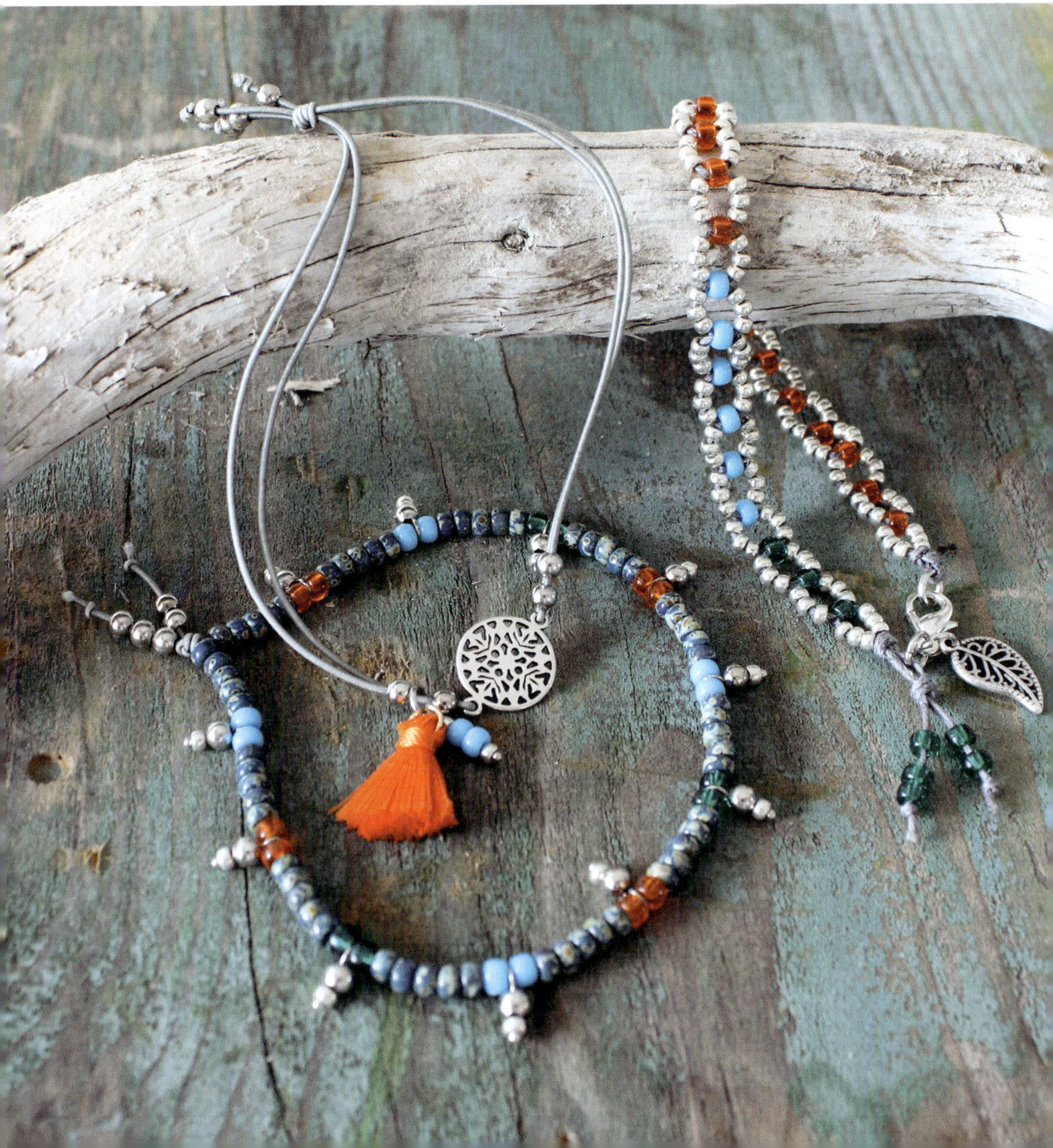

MOTIVLÄNGE
Je ca. 25 cm

MATERIAL

FUSSBÄNDCHEN BREIT

- 162 Miyuki Rocailles in Silber metallic, ø 3 mm
- Miyuki Rocailles, ø 4 mm, 6 x in Hellblau opak, 17 x in Orange transparent und 8 x in Emeraldgrün transparent
- Metallanhänger „Blatt" in Silber, 1,9 cm lang
- Baumwollkordel in Grau, ø 1 mm, 1,4 m lang
- 3 Biegeringe in Silber, ø 7 mm
- Karabinerverschluss in Silber, 1,5 cm lang

FUSSBÄNDCHEN MIT PERLENCHARMS

- 11 Miyuki Rocailles in Silber metallic, ø 3 mm
- Miyuki Rocailles, ø 4 mm, 8 x in Hellblau opak, 8 x in Orange transparent, 6 x in Emeraldgrün transparent und 60 x in Picasso Montana
- 16 Metallperlen in Silber, ø 4 mm
- 11 Nietstifte in Silber, 2 cm lang
- Gummikordel in Grau, ø 1 mm, 40 cm lang

FUSSBÄNDCHEN ZART MIT ORNAMENT

- 2 Miyuki Rocailles in Silber metallic, ø 3 mm
- 2 Miyuki Rocailles in Hellblau opak, ø 4 mm
- 8 Metallperlen in Silber, ø 4 mm
- Armbandverbinder „Ornament" in Silber, ø 1,5 cm
- Quaste in Orange, mit Öse, 2 cm lang
- Nietstift in Silber, 2 cm lang
- Biegering in Silber, ø 7 mm
- Gummikordel in Grau, ø 1 mm, 2 x 35 cm lang

Fußbändchen breit

1 Die Kordel durch einen Biegering fädeln, doppelt legen, sodass beide Kordelenden gleichlang sind. Mit den beiden Strängen zusammen direkt unterhalb des Biegeringes einen Überhandknoten anfertigen. *Auf jeden Strang drei silberfarbene Rocailles auffädeln. Nun auf einen Strang eine orangefarbene Rocaille auffädeln und mit dem anderen Kordelende durch dieselbe Perle kreuzen. Alle Perlen nach oben schieben, die orangefarbene Perle liegt nun quer in der Mitte. Ab * noch 25 x wiederholen, dabei zunächst 16 orangefarbene, dann sechs blaue und drei grüne Rocailles einarbeiten. Am Ende nochmal auf jeden Strang drei silberfarbene Perlen auffädeln.

2 Direkt nach den letzten Perlen einen Überhandknoten mit beiden Strängen zusammen anfertigen. Den Verschluss in einen Biegering hängen und diesen auf einen der Stränge fädeln. Nach 1 cm mit beiden Strängen zusammen einen weiteren Überhandknoten arbeiten. Auf die beiden Kordelenden zwei bzw. drei grüne Rocailles auffädeln und jeweils mit einem Überhandknoten fixieren. Den Metallanhänger mit einem Biegering am Fußbändchen anbringen.

Fußbändchen mit Perlencharms

Auf einen Nietstift eine silberfarbene Rocaille und eine Metallperle auffädeln und das Stiftende zur Öse biegen (s. Grundanleitung). Alle übrigen Nietstifte auf diese Weise bestücken. Die Perlen und Nietstifte wie folgt auf die Gummikordel auffädeln:

* 5 x Picasso Montana, 1 x blau, 1 x Nietstift, 1 x blau, 5 x Picasso Montana, 1 x orange, 1 x Nietstift, 1 x orange, 5 x Picasso Montana, 1 x grün, 1 x Nietstift, 1 x grün. Ab * wiederholen bis alle Perlen eingearbeitet sind. Die Perlen in die Mitte der Kordel schieben, dann die beiden Bandenden aufeinanderlegen und direkt nach den letzten Perlen einen Überhandknoten anfertigen. Auf die beiden Kordelenden zwei bzw. drei Metallperlen fädeln und jeweils mit einem Überhandknoten fixieren.

Fußbändchen zart mit Ornament

Eine Gummikordel durch eine Öse am Armbandverbinder fädeln und doppelt nehmen. Nun über beide Kordelenden zwei Metallperlen fädeln. Die andere Kordel ebenso am Armbandverbinder anbringen. Nun alle vier Stränge aufeinanderlegen und nach ca. 11 cm einen Überhandknoten anfertigen. Auf jedes Kordelende eine Metallperle fädeln und diese mit einem Überhandknoten fixieren. Auf den Nietsitft die restlichen Rocailles auffädeln und das Stiftende zur Öse biegen. Die Quaste und den Nietstift mit dem Biegering am Fußband fixieren.

Zarte Verflechtung

Leichter Schmuck fürs Handgelenk

MOTIVLÄNGE
Je 18 cm bis 20 cm (variabel)

MATERIAL
ARMBAND MIT KOKOSNUSSPERLEN

- 13 Kokosnussperlen „Rondell", ø 5 mm
- Anhänger „Blatt" in Silber, 1,9 cm lang
- Quaste in Weiß, mit Öse, 2 cm lang
- Baumwollkordel in Dunkelbraun, ø 1 mm, 3 x 45 cm lang
- Makrameeband (Nylon), ø 1 mm, in Dunkelbraun, 30 cm lang
- Biegering in Silber, ø 7 mm

ARMBAND MIT SILBERPERLEN

- 20 Metallperlen in Silber, ø 4 mm
- Baumwollkordel in Dunkelbraun, ø 1 mm, 1 x 17 cm und 2 x 45 cm lang
- Makrameeband (Nylon), in Dunkelbraun, ø 1 mm, 30 cm lang

Armband mit Kokosnussperlen

1 Die drei Kordeln bündig aufeinanderlegen und nach 5 cm mit einem Überhandknoten zusammenfassen. Das Band oberhalb des Knotens auf der Arbeitsfläche fixieren. Mit den drei Strängen einen 9 cm langen Zopf flechten. Nun auf jeden Strang drei Perlen auffädeln und die Bandenden mit Klebeband sichern (verhindert, dass die Perlen während des Flechtens von den Strängen rutschen).

2 Die Perlen wie folgt einflechten: * Den linken über den mittleren Strang legen und eine Perle des nun in der Mitte liegenden Strangs nach oben schieben. Anschließend den rechten Strang in die Mitte legen. Ab * stets wiederholen bis 9 Perlen eingeflochten sind. Dann nochmal 9 cm flechten und direkt danach mit allen Strängen zusammen einen Überhandknoten anfertigen. Nach 5 cm einen weiteren Überhandknoten arbeiten.

3 Auf jeder Seite einen der Stränge direkt nach dem Knoten abschneiden. Auf die restlichen vier Bandenden je eine Perle auffädeln und mit einem Überhandknoten sichern. Die Bandenden gegengleich aufeinanderlegen und mit der Makrameeband einen verschiebbaren Verschluss (s. Grundanleitung) anfertigen. Die Quaste und den Anhänger mit dem Biegering am Armband fixieren.

Armband mit Silberperlen

1 Die zwei langen Baumwollkordeln bündig, die kurze Baumwollkordel mit 15 cm Versatz dazulegen. Nun die drei Kordeln dort wo die kurze Kordel endet mit einem Überhandknoten verbinden. Das Band oberhalb des Knotens auf der Arbeitsfläche fixieren.

2 Auf einen Strang vier, auf die anderen beiden Stränge je fünf Metallperlen auffädeln. Die Strangenden mit Klebeband sichern. Die Perlen wie folgt einflechten: Legen Sie den linken Strang über den mittleren Strang in die Mitte und dann den rechten Strang über den mittleren in die Mitte. * Nun eine Perle des linken Strangs nach oben schieben und diesen Strang über den mittleren in die Mitte legen. Ebenso eine Perle des rechten Strangs nach oben schieben und diesen in die Mitte legen. Ab * stets wiederholen bis 14 Perlen eingearbeitet sind. Nun die Stränge wieder mit einem Überhandknoten verbinden.

3 Die kurze Kordel direkt nach dem Knoten abschneiden. Mit den beiden langen Kordeln nach 9 cm einen weiteren Überhandknoten anfertigen. Je ein bzw. zwei Metallperlen auf die Kordelenden fädeln und mit einem Überhandknoten fixieren. Die andere Seite des Armbandes ebenso fertigstellen. Die Bandenden gegengleich aufeinanderlegen und mit dem Makrameeband einen verschiebbaren Verschluss anfertigen.

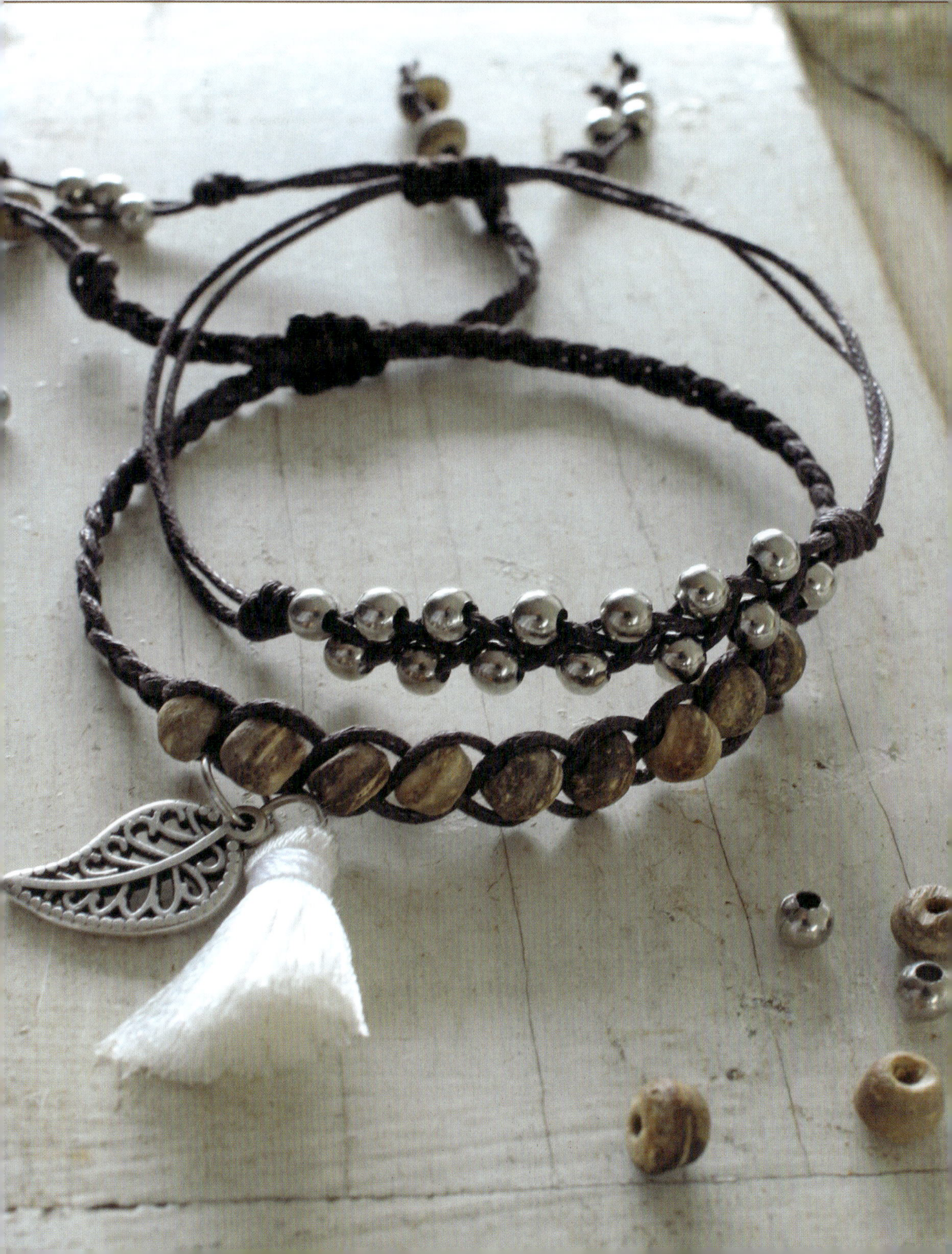

Elegante Leichtigkeit

Set in Rosa, Weiß und Gold

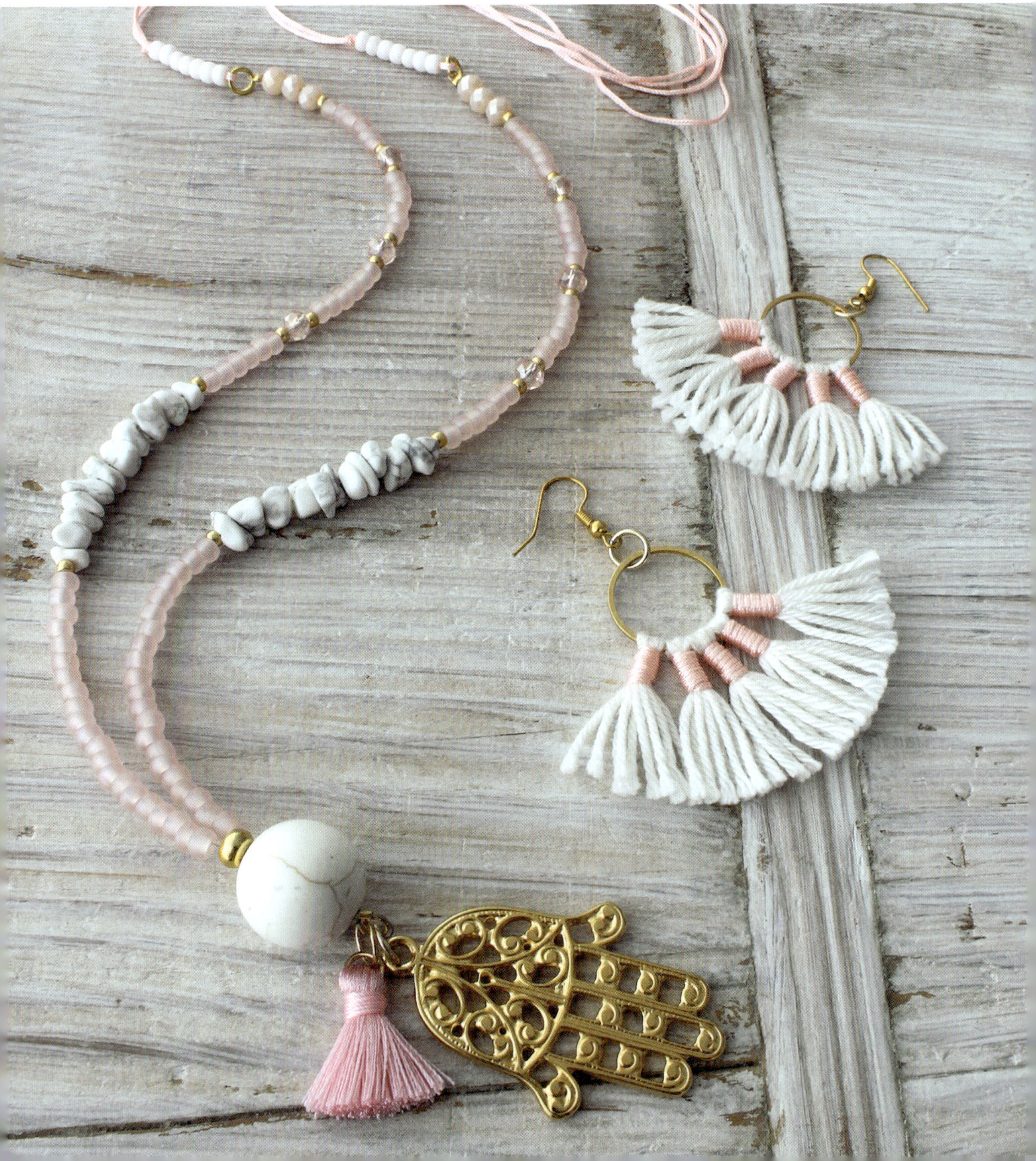

MOTIVLÄNGE

Kette: 56 cm bis 96 cm (variabel) + 5 cm (Anhänger)

Ohrringe: 5 cm (ohne Ohrhaken)

MATERIAL

KETTE

- 90 Miyuki Rocailles in Rose transparent matt, ø 4 mm
- 24 Miyuki Rocailles in Weiß opak, ø 4 mm
- Steinperle in Natur, ø 1,8 cm
- 24 Steinperlen-Splitter in Natur, ø 5 bis 8 mm
- Glasschliffperlen, 4 x 6 mm, je 6 x in Terra (Lachs) und Rose transparent
- 18 Metallperlen in Gold, ø 4 mm
- Metallgroßlochperlen in Gold, ø 6 mm
- Metallanhänger „Hamsa“ in Gold, 5 cm lang
- Quaste in Rosa, mit Öse, 2 cm lang
- Makrameeband (Nylon), ø 1 mm, in Lachs, 30 cm und 2 x 60 cm lang
- 2 Biegeringe in Gold, ø 7 mm
- 2 Metallringe geschlossen in Gold, ø 7 mm
- 2 Quetschperlen in Gold, ø 2 mm
- Drahtschutz in Gold, 4 mm x 5 mm
- Schmuckdraht, ø 0,45 mm, 60 cm lang

OHRRINGE (FÜR 2 STÜCK)

- Baumwollgarn in Weiß
- Makrameekordel (Nylon), ø 1 mm, 10 x 20 cm
- 2 Metallringe in Gold, ø 2 cm
- 2 Biegeringe in Gold, ø 7 mm
- 2 Ohrhaken in Gold

Kette

1 Den Drahtschutz auf den Schmuckdraht fädeln und in die Mitte schieben. Die große Steinperle und die große Metallperle über beide Drahtenden fädeln. Nun auf je ein Drahtende die Perlen in folgender Reihenfolge auffädeln: 21 x Miyuki rose, 1 x Metallperle, 12 x Steinperlen-Splitter, 3 x (1 Metallperle, 6 Miyuki rose, 1 Metallperle, 1 Glasschliffperle rose), 1 Metallperle, 6 Miyuki rose, 1 Metallperle, 3 Glasschliffperlen Terra, 1 Quetschperle.

2 Ein Drahtende durch einen Metallring führen und den Draht zurück durch die zuletzt aufgefädelte Quetschperle und die drei Glasschliffperlen führen. Den Draht festziehen und die Quetschperle sichern (s. Grundanleitung). Das Drahtende direkt an der Perle abschneiden.

3 Ein 60 cm langes Band durch den Metallring fädeln, doppelt legen und über beide Bandenden sieben weiße Miyukiperlen auffädeln. Direkt nach der letzten Perle mit beiden Strangenden zusammen einen Überhandknoten anfertigen (s. Grundanleitung). Die andere Seite der Kette ebenso anfertigen. Die vier Bänder aufeinanderlegen und einen verschiebbaren Verschluss (s. Grundanleitung) anfertigen. Auf die Bandenden je zwei bzw. drei weiße Miyukiperlen auffädeln und mit einem Überhandknoten (s. Grundanleitung) sichern. Die Quaste und den Metallanhänger mit je einem Biegering unten an der Kette befestigen.

Ohrringe

Für eine Quaste 5 x 10 cm vom Baumwollgarn abschneiden. Die Garnstücke bündig aufeinanderlegen, um die Schiene des Metallringes legen und doppelt nehmen. Mit einer Makrameekordel einen Wickelknoten (s. Grundanleitung) anfertigen, dabei direkt am Metallring mit dem Wickeln des Knotens beginnen. Die Stränge der Quaste zusammennehmen und nach 3 cm gerade abschneiden. Auf diese Weise noch vier weitere Quasten anfertigen. Den Ohrhaken mit dem Biegering am Metallring einhängen. Den zweiten Ohrring ebenso anfertigen.

Lieblingsstücke

Schmuckes Set in Braun, Rot und Gold

MOTIVLÄNGE
Armbänder: 18 cm bis 20 cm (variabel)
Ohrringe: 5,5 cm (ohne Ohrhaken)

MATERIAL

ARMBAND MIT PERLEN

- Baumwollkordel in Braun, ø 1 mm, 1 x 40 cm und 2 x 75 cm lang
- Makrameeband (Nylon) in Braun, ø 1 mm, 30 cm lang
- 12 Natursteinperlen „Achat", ø 8 mm
- 55 Miyuki Rocailles in Gold, ø 3 mm
- 15 Miyuki Rocailles in Rubin Silbereinzug, ø 3 mm
- Quaste in Dunkelrot, mit Öse, 2 cm lang
- Muschelperle, oval, Rückseite flach, 1,4 cm x 2 cm
- 2 Biegeringe in Gold, ø 7 mm

ARMBAND GEKNÜPFT

- Baumwollkordel in Braun, ø 1 mm, 2 x 40 cm und 2 x 75 cm lang
- Makrameeband (Nylon) in Braun, ø 1 mm, 30 cm lang
- 8 Miyuki Rocailles in Gold, ø 3 mm
- Armbandverbinder „Ornament" in Gold, 15 cm x 20 cm

OHRRINGE (FÜR 2 OHRRINGE)

- 44 Kokosnussperlen „Rondell", ø 5 mm
- 2 Quasten in Dunkelrot, 2 cm lang
- 2 Creolen zum Öffnen in Gold, ø 3 cm
- 2 Ohrhaken in Gold

Armband geknüpft mit Perlen

1 Legen Sie die drei Baumwollkordeln bündig aufeinander und verbinden Sie die drei Stränge nach ca. 10 cm mit einem Überhandknoten (s. Grundanleitung). Nun das Band oberhalb des Knotens auf der Arbeitsfläche befestigen. Die kurze Kordel in der Mitte (Leitfaden) und die beiden langen Kordeln links und rechts daneben (Knüpffäden) platzieren.

2 Drei Weberknoten knüpfen (s. Grundanleitung). *Über den mittleren Strang eine Steinperle und über den linken Strang fünf goldfarbene Rocailles fädeln. Einen Weberknoten knüpfen. Eine Steinperle über den mittleren Strang und fünf goldfarbene Rocailles über den rechten Strang fädeln. Einen Weberknoten knüpfen. Ab * noch fünfmal wiederholen, dabei jeweils fünf Rocailles in folgende Farbreihenfolge einarbeiten: gold, gold, gold, rot, rot, gold, gold, rot, gold, gold. Nochmal zwei Weberknoten anfertigen.

3 Nach dem letzten Weberknoten mit allen Strängen zusammen einen Überhandknoten anfertigen. Den kurzen Strang direkt am Knoten abschneiden. Mit den restlichen beiden Strängen nach 4 cm einen weiteren Überhandknoten anfertigen. Auf jeden der beiden Stränge zwei bzw. drei goldfarbene Rocailles auffädeln und mit einem Überhandknoten fixieren. Die Bandenden kürzen. Die andere Seite des Armbandes ebenso fertigstellen. Beide Bandenden gegengleich aufeinanderlegen und mit dem Makrameeband einen geknüpften Verschluss (s. Grundanleitung) anfertigen. Die Muschel in einen Biegering hängen, dann die Muschel und die Quaste mit dem übrigen Biegering am Armband fixieren.

Armband geknüpft mit Ornament

Eine 40 cm lange Kordel durch eine Öse des Armbandverbinders fädeln und doppelt legen (Leitfäden). Das Werkstück auf der Arbeitsfläche fixieren (s. Grundanleitung). Eine 75 cm lange Kordel doppelt legen und die Mitte mit einem Anknüpfknoten an den Leitfäden direkt unterhalb des Verbinders fixieren (Knüpffäden). 19 Weberknoten (s. Grundanleitung) knüpfen. Das Armband wie oben unter Punkt 3 beschrieben, fertigstellen.

Ohrringe

Eine Creole öffnen. 11 Kokosnussperlen, eine Quaste und nochmal 11 Perlen auffädeln. Die Creole verschließen und in die Öse einen Ohrhaken einhängen. Den zweiten Ohrring ebenso anfertigen.

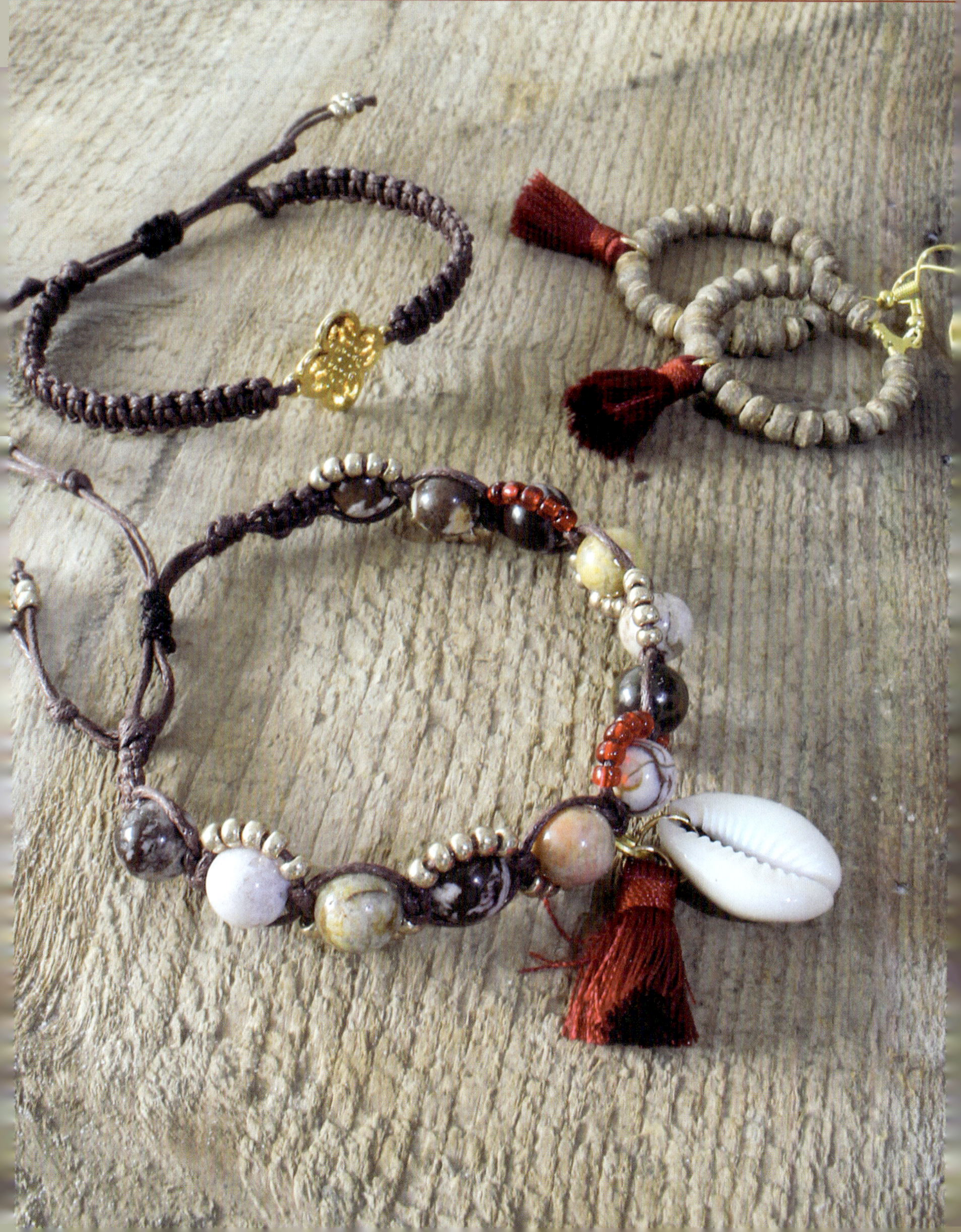

Summer Feeling

Schickes Set mit sonnigen Akzenten

MOTIVLÄNGE
Ohrringe: 5 cm (ohne Ohrhaken)
Kette: 57 cm

MATERIAL
OHRRINGE (FÜR 2 STÜCK)

- Delica Rocailles, ø 1,6 mm, je 72 x in Gold metallic und Gelb opak, 226 x in Creme opak
- 18 Miyuki Rocailles in Gold metallic, ø 3 mm
- 2 Metallanhänger „Mehrloch" (9-Loch) in Gold, 22 mm x 10 mm
- 2 Biegeringe in Gold, ø 7 mm
- 18 Nietstifte in Gold, 4,5 cm lang
- 2 Ohrhaken in Gold

KETTE

- Delica Rocailles, ø 1,6 mm, je 20 x in Gold metallic und Gelb opak, 39 x in Creme opak
- 10 Miyuki Rocailles, ø 3 mm, in Gold metallic
- 5 Metallanhänger „Feder" in Gold, 2 cm lang
- 6 Kettelstifte in Gold, 4,5 cm lang
- 2 Biegeringe in Gold, ø 7 mm
- Karabinerverschluss in Gold, 1,5 cm lang
- Ankerkette in Gold, 2 x 26 cm lang

Ohrringe

Auf einen Nietstift eine goldfarbene Miyuki Rocaille, dann vier goldfarbene, vier gelbe und 17 cremefarbene Delica Rocailles fädeln. Das Stiftende auf 1 cm kürzen und zur Öse biegen (s. Grundanleitung). Acht weitere Nietstifte ebenso bestücken, dabei variiert die Anzahl der cremefarbenen Delica Rocailles jedoch folgendermaßen: 2 x 15, 2 x 13, 2 x 11 und 2 x 9 Perlen. Die Stiftenden jeweils auf 1 cm kürzen und zur Öse biegen. Sämtliche Nietstifte in den Metallanhänger einhängen, dabei in der Mitte den längsten und nach außen hin jeweils den nächstkürzeren Stift platzieren. Den Ohrhaken mit dem Biegering oben am Metallanhänger einhängen. Den zweiten Ohrring ebenso anfertigen.

Kette

1 Auf zwei der Kettelstifte jeweils vier goldfarbene, vier gelbe und vier cremefarbene Delica Rocailles fädeln. Das Stiftende auf 1 cm kürzen und zur Öse biegen (s. Grundanleitung). Auf weitere zwei Stifte jeweils vier goldfarbene, vier gelbe und neun cremefarbene Rocailles und auf einen Kettelstift vier goldfarbene, vier gelbe und 13 cremefarbene Rocailles auffädeln. Die Stiftenden jeweils auf 1 cm kürzen und zur Öse biegen. In jeden Kettelstift unten in die Öse eine Feder einhängen.

2 Auf den übrigen Kettelstift die goldfarbenen Miyuki Rocailles und die bestückten Kettelstifte folgendermaßen auffädeln: 1 x Perle, 1 x kurzer Kettelstift, 2 x Perle, 1 x mittellanger Kettelstift, 2 x Perle, 1 x langer Kettelstift, 2 x Perle, 1 x mittellanger Kettelstift, 2 x Perle, 1 x kurzer Kettelstift, 1 x Perle. Das Stiftende auf 1 cm kürzen und zur Öse biegen. In jede Öse des Kettelstiftes eine Ankerkette einhängen. In ein Kettenende einen Biegering und in das andere Kettenende den Verschluss mit dem übrigen Biegering einhängen.

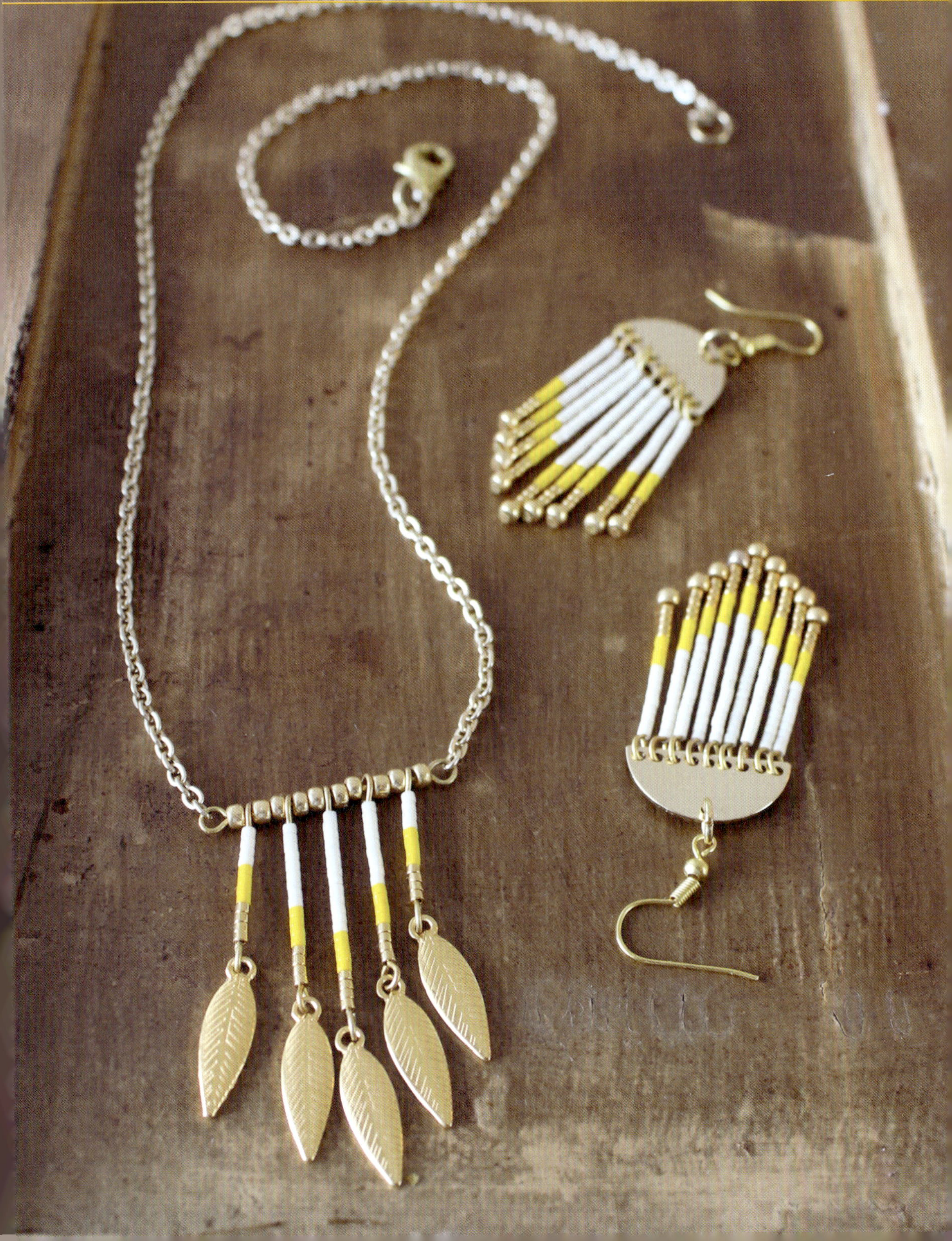

Elegant umgarnt

Armband-Set in Grün und Gold

MOTIVLÄNGE
Wickelarmband: 38 cm

Armband mit Metallelement:
18 cm bis 20 cm (variabel)

MATERIAL
WICKELARMBAND

- Lederrundriemen in Hellbraun, ø 2 mm, 74 cm lang
- 30 Glasschliffperlen in Hellgrün opak AB, 3 mm x 4 mm
- Miyuki Rocailles, ø 3 mm, 85 x in Champagner metallic, 61 x in Beige und 46 x in Seafoam Grün Matt
- Großlochmetallperle in Gold, ø 8 mm, Innen-ø 5 mm
- Endkappe in Gold, ø 4 mm
- 2 Biegeringe in Gold, ø 7 mm
- Karabinerverschluss in Gold, 1,5 cm lang
- Nähgarn transparent
- dünne Nähnadel oder Perlennadel
- Schmuckkleber

ARMBAND MIT METALLELEMENT

- 2 Holzperlen in Braun, ø 6 mm
- 2 Großlochmetallperlen in Gold, ø 5 mm
- Armbandverbinder „Kronenchakra" in Gold, ø 2 cm
- Baumwollkordel in Dunkelbraun, ø 1 mm, 2 x 30 cm lang
- Makrameeband (Nylon) in Dunkelbraun, ø 1 mm, 30 cm lang

Wickelarmband

1 Das Lederband doppelt nehmen und beide Bandenden durch die Großlochperle fädeln. Die Perle an das Bandende schieben, sodass dort eine kleine Schlaufe entsteht. Das Band oberhalb der Perle auf der Arbeitsfläche fixieren. Vom Nähgarn ca. 3 m abschneiden und die Mitte des Garns am linken Lederband direkt unterhalb der Perle so festknoten, dass beide Garnenden gleich lang sind. Die beiden Garnenden zusammen durch die Nähnadel fädeln.

2 Eine beigefarbene Rocaille aufnehmen und diese von unten zwischen die beiden Lederbänder legen. Den Faden von unten nach oben um das rechte Lederband legen und durch die Rocaille zurückfädeln. Den Faden von oben nach unten um das linke Lederband legen, zwei beigefarbene Rocailles aufnehmen, den Faden wieder von unten nach oben um das rechte Lederband legen und durch die beiden Rocailles zurückfädeln.

3 Sämtliche Perlen wie unter Punkt 2 beschrieben in beliebiger Farbreihenfolge einarbeiten, dabei pro Reihe entweder zwei Rocailles, oder eine Rocaille in Kombination mit einer Glasschliffperle verwenden. In der letzten Reihe, ebenso wie in der ersten Reihe nur eine Rocaille einarbeiten. Wenn das Garn zur Neige geht, dieses zum Vernähen durch die vorhandenen Perlen fädeln und verknoten. Neues Garn abschneiden und wie oben beschrieben wieder am linken Lederband festknoten.

4 Wenn alle Perlen eingearbeitet sind bzw. die Gesamtlänge (bis zur letzten Perle) 35 cm beträgt, die Lederbandenden auf die Länge der Endkappe kürzen und in dieselbe kleben. Den Verschluss mit dem Biegering an der Endkappe fixieren. Den zweiten Biegering in die Schlaufe am Bandanfang einhängen.

Armband mit Metallelement

Eine Baumwollkordel durch eine Öse des Armbandverbinders fädeln, doppelt legen und eine Holz- und eine Metallperle über beide Stränge fädeln. Die Perlen zum Metallelement schieben und mit beiden Strängen zusammen direkt nach der Metallperle einen Überhandknoten anfertigen. Nach ca. 10 cm einen weiteren Überhandknoten arbeiten. Die andere Seite des Armbandes ebenso anfertigen. Beide Bandenden gegengleich aufeinanderlegen und mit dem 30 cm langen Makrameeband einen verschiebbaren Verschluss anfertigen (s. Grundanleitung).

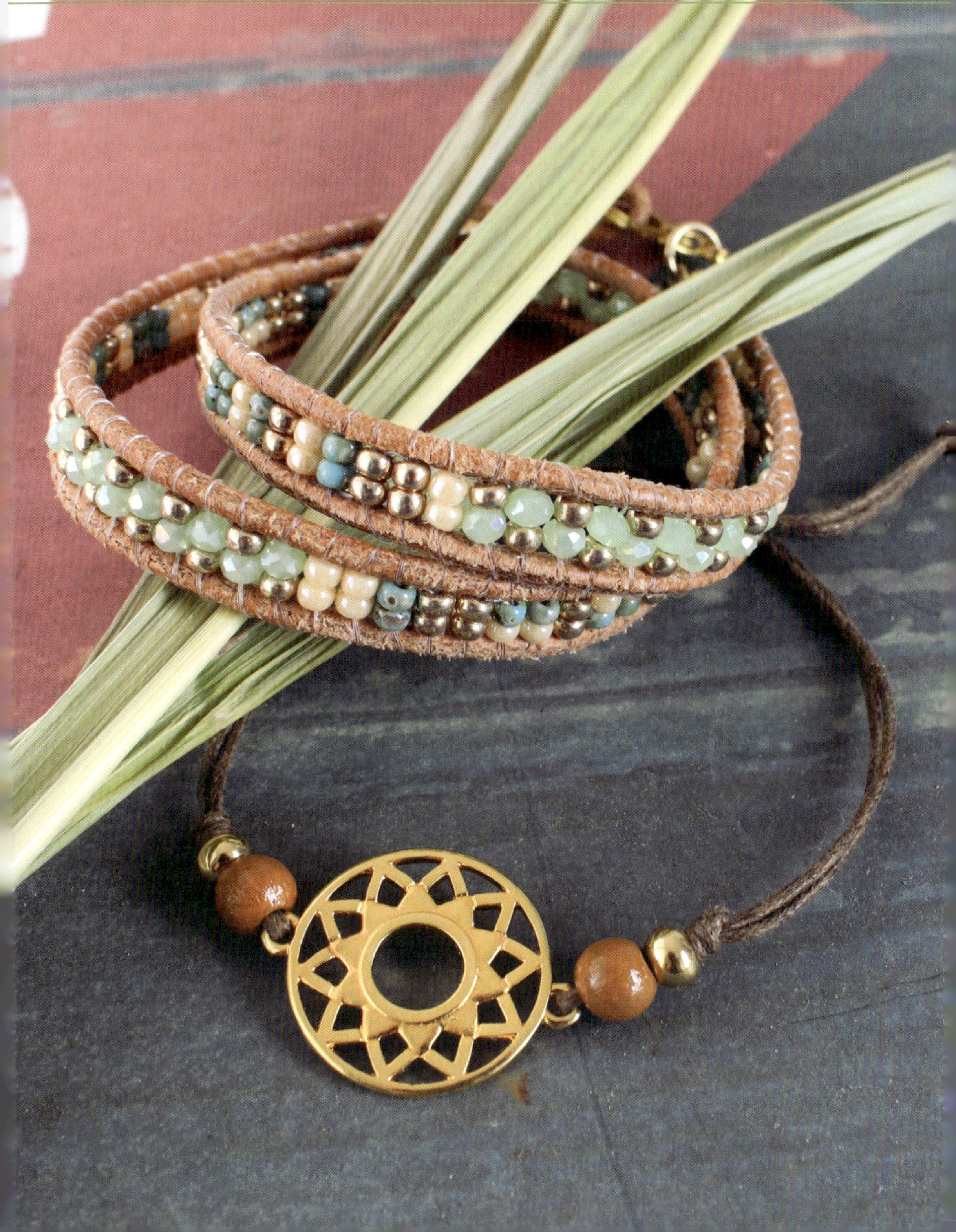

Bunt und verspielt

Lange Kette in fröhlichen Farben

MOTIVLÄNGE
ca. 80 – 98 cm (variabel)

MATERIAL

- ca. 90 Miyuki Rocailles in Gold metallic, ø 3 mm
- Miyuki Rocailles ø 4 mm, 10 x Hellgrün opak, 17 x Gelb matt transparent, 13 x Orange transparent und 9 x Rot transparent Silbereinzug
- 6 Glasperlen „Jadelook" in Hellgrün, ø 6 mm
- 22 Großlochmetallperlen in Gold, ø 4 mm
- Metallanhänger „Herz" rund in Gold, ø 1,6 cm
- 6 Metall-Mini-Anhänger „Blatt" in Gold, 9 mm lang
- Quaste in Orange, mit Öse, 9 cm lang
- Baumwollkordel in Braun, ø 1 mm, 3 x 1,5 m lang
- Makrameeband (Nylon) in Braun, ø 1 mm, 30 cm lang
- Ankerkette in Gold, ø 2 mm, 3 cm lang
- 9 Biegeringe in Gold, ø 7 mm
- 10 Nietstifte in Gold, 3 cm lang

1 Die drei Baumwollkordeln bündig aufeinanderlegen und nach 75 cm auf der Arbeitsfläche fixieren (die Kette wird von der Mitte aus gearbeitet). * Mit den drei Kordeln einen Zopf flechten, dabei die Perlen wie folgt einarbeiten: Nach ca. 1 cm die zwei linken Stränge zusammen durch eine Metallperle fädeln. Auf jeden dieser beiden Stränge ein bis zwei goldfarbene und auf den rechten Strang drei grüne Rocailles auffädeln. Nun die zwei rechten Stränge zusammen durch eine Metallperle fädeln. Weiter ca. 5 bis 6 cm flechten, dabei zwei bis vier goldene Rocailles mit einarbeiten. Hierzu die Rocailles beliebig auf die Stränge fädeln und mit einflechten. Ab * wiederholen, dabei die Perlen gegengleich einarbeiten, also die Metallperle über die beiden rechten Stränge und die vier gelben Rocailles (anstatt der drei grünen Rocailles) auf den linken Strang fädeln.

2 Punkt 1 ab * noch 2 x wiederholen, dabei variieren die Rocailles mit ø 4 mm bei den Wiederholungen wie folgt: zuerst drei Perlen in Orange und vier rote Perlen, dann drei grüne Perlen und vier Perlen in Orange. Nach ca. 41 cm Gesamtlänge mit den drei Kordeln zusammen einen Überhandknoten und nach 9 cm einen weiteren Überhandknoten anfertigen. Auf jedes der drei Bandenden zwei bis drei goldfarbene Rocailles fädeln und mit einem Überhandknoten fixieren. Die Bandenden auf 5 mm kürzen.

3 Die andere Seite der Kette analog fertigstellen, dabei die Rocailles wie folgt einarbeiten: 4 x orange, 3 x gelb, 4 x grün, 3 x rot und 4 x gelb. Die Bandenden aufeinanderlegen und zwischen den Knoten mit dem Makrameeband einen verschiebbaren Verschluss (s. Grundanleitung) anfertigen.

4 Je eine grüne Glasperle auf einen Nietstift fädeln und das Stiftende zur Öse biegen (s. Grundanleitung). Die weiteren Nietstifte wie folgt bestücken: Auf einen Nietstift zwei gelbe und zwei goldfarbene Rocailles im Wechsel, ebenso zwei weitere Nietstifte mit den Farben Rot/Gold und Orange/Gold bestücken. Auf den übrigen Nietstift vier gelbe und vier goldfarbene Rocailles im Wechsel auffädeln. Die Stiftenden jeweils zur Öse biegen.

5 Die Quaste mit einem Biegering unten an der Kette fixieren. Den Herzanhänger und die Ankerkette mit einem Biegering verbinden. In einen weiteren Biegering das Kettenstück zusammen mit dem langen Nietstift (Gelb/Gold) einhängen und diesen neben der Quaste in die Kette hängen.

6 Auf einen Biegering eine goldfarbene Rocaille, einen Blattanhänger und eine goldfarbene Rocaille fädeln. Dies noch 5 x wiederholen. Alle Biegeringe und Nietstifte gleichmäßig verteilt in die Kette einhängen.

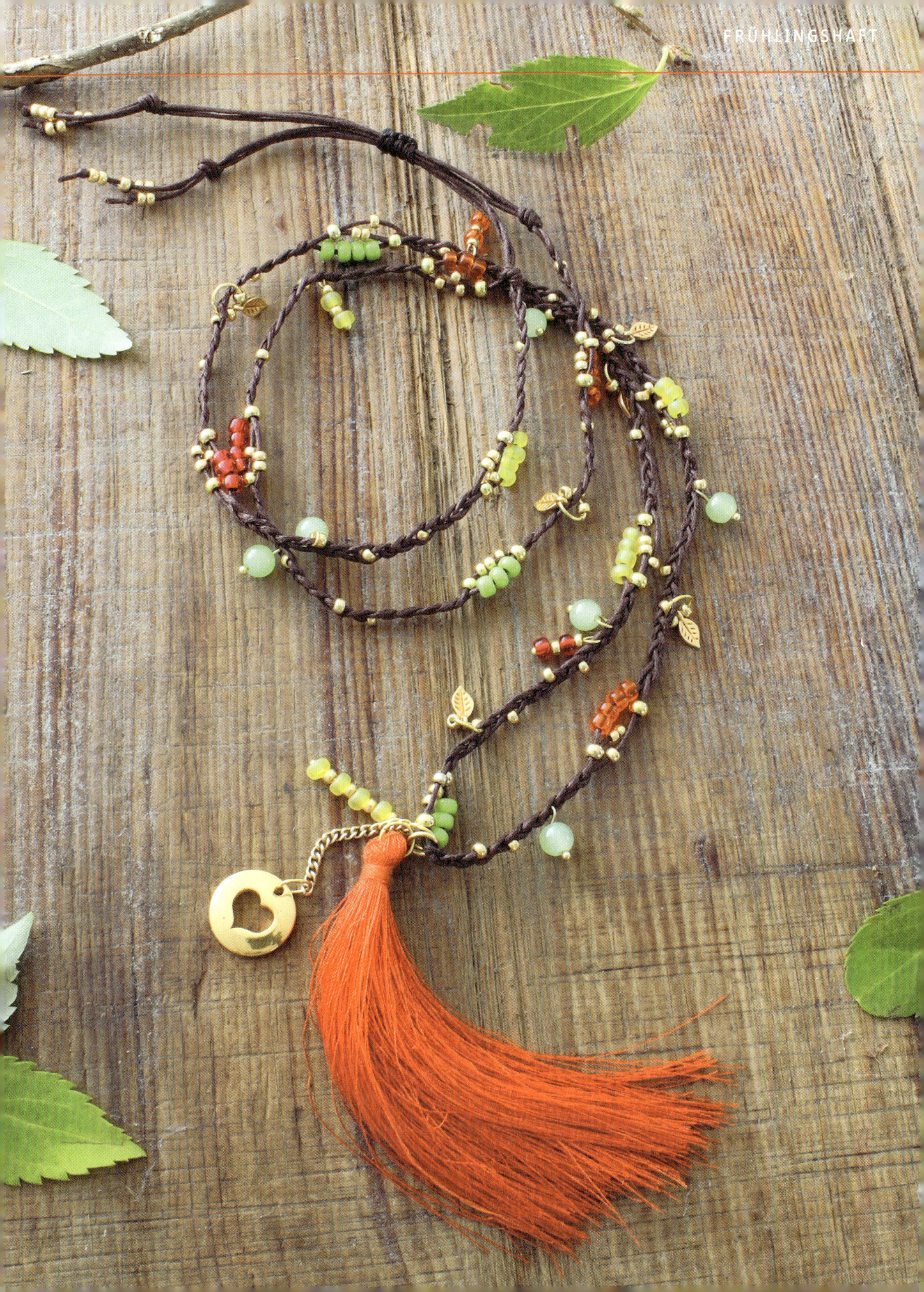

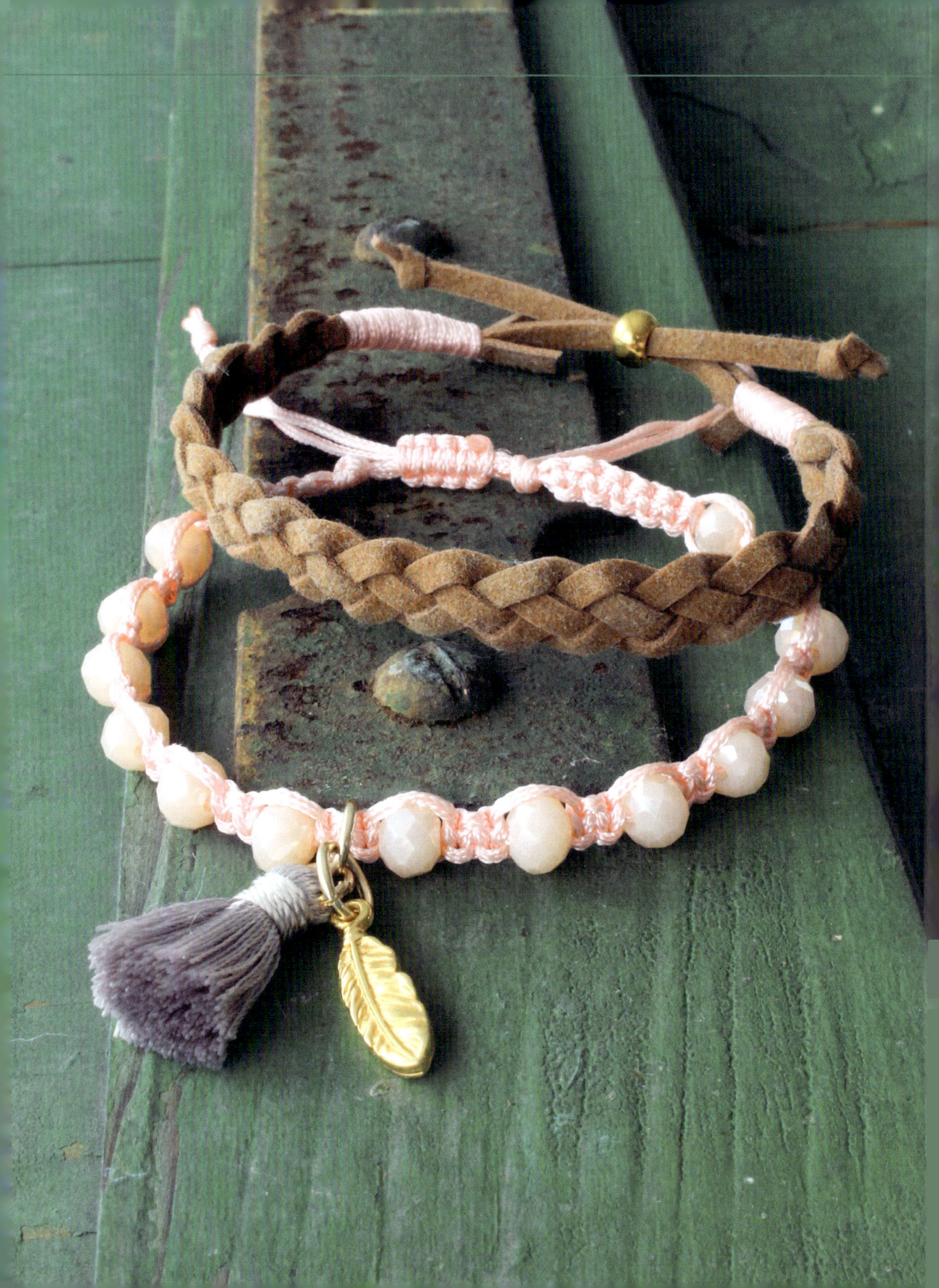

Natürliche Vielfalt

Armbänder geknüpft und geflochten

MOTIVLÄNGE
Armbänder: 18 cm bis 22 cm (variabel)

MATERIAL

ARMBAND GEKNÜPFT

- 14 Glasschliffperlen in Terra, 4 mm x 6 mm
- Metallanhänger „Feder“ in Gold, 1,8 cm lang
- Quaste in Grau, 2 cm lang
- 2 Biegeringe in Gold, ø 7 mm
- Makrameeband (Nylon) in Lachs, ø 1 mm, 1 x 30 cm, 1 x 35 und 2 x 80 cm lang

ARMBAND GEFLOCHTEN

- Velour-Kunstlederband in Braun, ø 3 mm, 1 x 40 cm und 3 x 25 cm lang
- Makrameeband (Nylon), ø 1 mm, in Lachs 2 x 35 cm lang
- Großlochmetallperle in Gold, ø 6 mm, Innen-ø 3 mm

Armband geknüpft

1 Legen Sie die beiden 80 cm langen und die 35 cm lange Kordel bündig aufeinander und verbinden Sie die drei Stränge nach ca. 10 cm mit einem Überhandknoten (s. Grundanleitung). Nun das Band oberhalb des Knotens auf der Arbeitsfläche befestigen (s. Grundanleitung). Die kurze Kordel in der Mitte (Leitfaden) und die beiden langen Kordeln links und rechts daneben (Knüpffäden) platzieren.

2 Fünf Weberknoten knüpfen (s. Grundanleitung). * Auf den mittleren Strang eine Perle auffädeln und zwei Weberknoten anfertigen. Ab * noch 13 x wiederholen. Fünf weitere Weberknoten knüpfen, dann direkt unter dem letzten Weberknoten mit allen Strängen zusammen einen Überhandknoten anfertigen. Den kurzen Strang direkt am Überhandknoten abschneiden und verschmelzen. Mit den beiden übrigen Strängen zusammen nach ca. 6 cm einen weiteren Überhandknoten arbeiten. Die Kordelenden abschneiden und anschmelzen. Die andere Seite des Armbandes ebenso fertigstellen.

3 Beide Bandenden gegengleich aufeinanderlegen und mit der 30 cm langen Kordel einen verschiebbaren Verschluss anfertigen (s. Grundanleitung). Die Feder und die Quaste mit den Biegeringen am Armband fixieren.

Armband geflochten

1 Alle vier Velourbänder bündig aufeinanderlegen, das lange Band 10 cm nach oben herausziehen. Mit einem 35 cm langen Makrameeband die vier Bandenden einer Seite mit einem ca. 2 cm langen Wickelknoten zusammenfassen (s. Grundanleitung).

2 Zum Flechten die Velourbänder oberhalb des Knotens auf der Arbeitsfläche fixieren. Die Bänder auffächern, mit dem linken äußeren Band (Band 1) beginnen. Dieses über das nächste Band (Band 2) legen, dann unter dem nächsten Band (Band 3) durchfädeln und wieder über das nächste Band (Band 4) legen. *Wieder das Band links außen (Band 1) über Band 2, unter Band 3 und über Band 4 legen. Ab * stets wiederholen. Auf diese Weise einen 13 cm langen Zopf flechten.

3 Nun die vier Bandenden wieder mit einem ca. 2 cm langen Wickelknoten zusammenfassen. Hierzu das übrige 35 cm lange Makrameeband verwenden. Beide Bandenden gegengleich durch die Metallperle fädeln. In die Velourbandenden je einen Überhandknoten arbeiten, dabei ca. 6 cm Abstand zum Wickelknoten lassen. Die Bandenden auf ca. 5 mm kürzen.

Sanfte Töne

Armband und Ohrringe in Pastellfarben

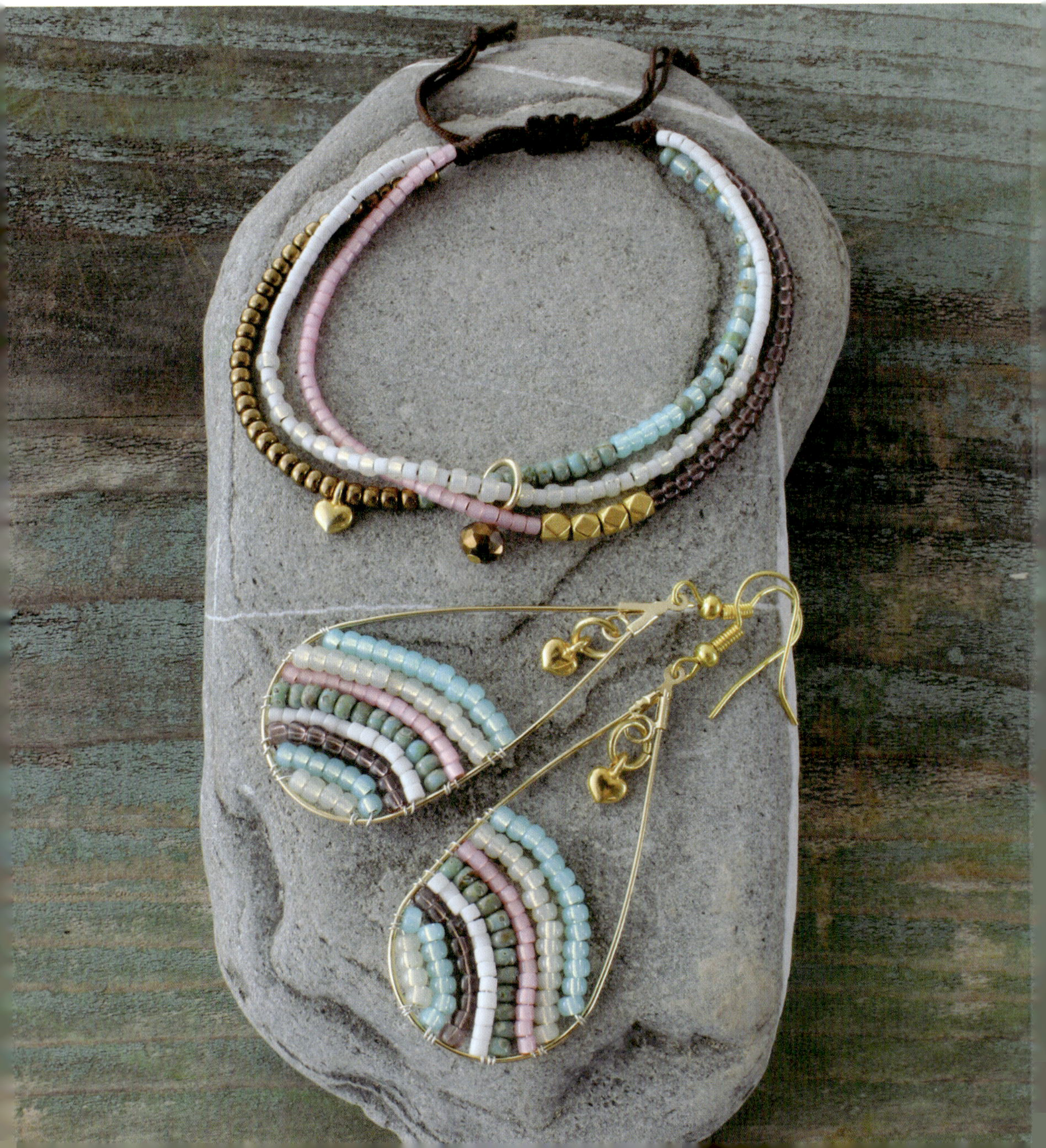

MOTIVLÄNGE

Armband: 18 cm bis 20 cm (variabel)

Ohrringe: 5 cm (ohne Haken)

MATERIAL

ARMBAND

- Miyuki Rocailles, ø 3 mm, 34 x Champagner, 24 x Seefoam Grün, 16 x Mintgrün Silbereinzug, 22 x Creme Silbereinzug, 31 x Amethyst transparent
- Delica Rocailles, ø 2,2 mm, 64 x Weiß opak und 44 x Rosa Perlglanz
- 4 Metallperlen „Polygon" in Gold, ø 3 mm
- Glasschliffperle in Bronze, 4 mm x 6 mm
- Metall-Mini Anhänger „Herz" in Gold, 5 x 7 mm
- Makrameeband (Nylon) in Braun, ø 1 mm, 1 x 30 cm und 3 x 35 cm lang
- Biegering in Gold, ø 7 mm
- Nietstift in Gold, 2 cm lang

OHRRINGE (FÜR 2 STÜCK)

- Miyuki Rocailles, ø 3 mm, 36 x Creme Silbereinzug, 40 x Mintgrün Silbereinzug, 18 x Amethyst transparent, 24 x Seefoam Grün
- Delica Rocailles, ø 2,2 mm, 26 x Weiß opak und 30 x Rosa Perlglanz
- 2 Metall-Mini Anhänger „Herz" in Gold, 5 mm x 7 mm
- 2 Biegeringe in Gold, ø 7 mm
- 2 Creolen oval mit Öse in Gold, 26 x 52 mm
- 2 Ohrhaken in Gold
- Schmuck-Häkeldraht, ø 0,3 mm, 40 cm lang

Armband

1 Die drei 35 cm langen Kordeln bündig aufeinanderlegen und an einem Ende mit einem Überhandknoten (s. Grundanleitung) verbinden. Nach 6 cm einen weiteren Überhandknoten mit allen Kordeln zusammen anfertigen.

2 Die Perlen wie folgt auffädeln: Strang 1: 44 x Rosa, 4 x Metallperle gold, 31 x Amethyst. Strang 2: 30 x Champagner, Metallanhänger Herz, 4 x Champagner, 12 x Seefoam, 5 x Mintgrün, 11 x Seefoam und Mintgrün im Wechsel, 1 x Seafoam. Strang 3: 21 x Weiß, 22 x Creme und Weiß im Wechsel, 21 x Weiß.

3 Die drei Stränge direkt nach den letzten Perlen wieder mit einem Überhandknoten zusammenfassen und nach 6 cm einen weiteren Überhandknoten mit allen Kordeln zusammen anfertigen. Die einzelnen Stränge nach dem Knoten abschneiden und anschmelzen. Beide Bandenden gegengleich aufeinanderlegen und mit der 30 cm langen Kordel einen verschiebbaren Verschluss (s. Grundanleitung) anfertigen.

4 Die Glasschliffperle auf den Nietstift fädeln und das Stiftende zur Öse biegen (s. Grundanleitung). Die Perle mit dem Biegering am Armband fixieren.

Ohrringe

1 Ein Drahtende nach ca. 5 cm dreimal unten um die Schiene der Creole wickeln und festziehen. Auf das lange Drahtende vier cremefarbene Miyukiperlen auffädeln und dieses Drahtende zweimal um die Schiene wickeln und festziehen – die Perlen liegen nun parallel zur Schiene und leicht seitlich. Sieben Perlen in Mintgrün aufnehmen, den Draht zur gegenüberliegenden Seite der Creole führen und die Schiene wieder 2 x fest umwickeln. Auf diese Weise die Perlen in folgender Reihenfolge einarbeiten: 9 x Amethyst, 13 x weiß opak, 12 x Seafoam, 15 x rosa, 14 x creme, 13 x mintgrün.

2 Die Drahtenden nochmal durch die erste bzw. letzte Reihe fädeln und abschneiden. Den Herzanhänger mit dem Biegering in die Öse an der Creole einhängen. Den Ohrhaken oben am Ohrring fixieren. Den zweiten Ohrring ebenso anfertigen.

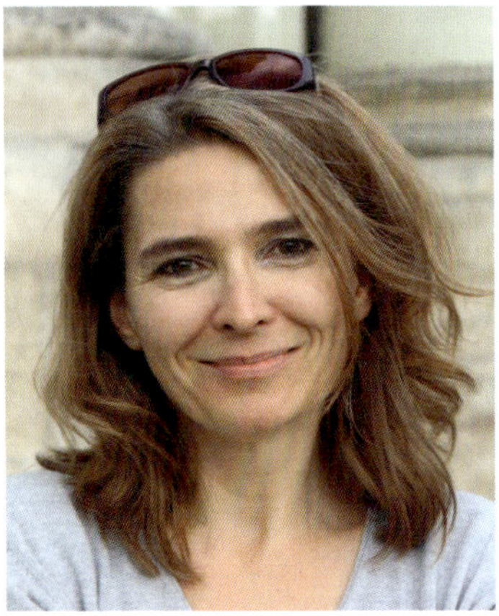

Elke Eder wohnt mit ihrer Familie in der Nähe von München. Nach BWL-Studium und Weiterbildung zur Mediengestalterin war sie viele Jahre in den Bereichen Webdesign und Multimedia tätig. Bereits als Kind faszinierten sie Farben und Formen ebenso wie die Möglichkeit aus den verschiedensten Materialien wundervolle Dinge entstehen zu lassen. Im Laufe der Zeit kam neben dem Basteln auch das Malen und Zeichnen dazu. Später waren das Silberschmieden und die Herstellung von Schmuck ihr kreativer Ausgleich zum eher nüchternen BWL-Studium.

DANKE!

Die Autorin dankt den Firmen Pracht, Rayher und Glücksfieber (www.gluecksfieber.de) für die Bereitstellung der Materialien.

TOPP – Unsere Servicegarantie

WIR SIND FÜR SIE DA! Bei Fragen zu unserem umfangreichen Programm oder Anregungen freuen wir uns über Ihren Anruf oder Ihre Post. Loben Sie uns, aber scheuen Sie sich auch nicht, Ihre Kritik mitzuteilen – sie hilft uns, ständig besser zu werden.

Bei Fragen zu einzelnen Materialien oder Techniken wenden Sie sich bitte an unseren Kreativservice, Frau Erika Noll.

mail@kreativ-service.info
Telefon 0711 / 123 757 20

Das Produktmanagement erreichen Sie unter:

pm@frechverlag.de
oder:
frechverlag
Produktmanagement
Dieselstraße 5
70839 Gerlingen
Telefon 07 11 / 8 30 86 68

LERNEN SIE UNS BESSER KENNEN! Fragen Sie Ihren Hobbyfach- oder Buchhändler nach unserem kostenlosen Magazin **Meine kreative Welt.** Darin entdecken Sie zweimal im Jahr die neuesten Kreativtrends und interessantesten Buchneuheiten.

Oder besuchen Sie uns im Internet! Unter **www.topp-kreativ.de** können Sie sich über unser umfangreiches Buchprogramm informieren, unsere Autoren kennenlernen sowie aktuelle Highlights und neue Kreativtechniken entdecken, kurz – die ganze Welt der Kreativität.

Kreativ immer up to date sind Sie mit unserem monatlichen **Newsletter**. Für aktuelle Infos, Gratis-Anleitungen und Gewinnspiele gleich anmelden unter www.TOPP-kreativ.de/Newsletter

IMPRESSUM

MIX
Aus verantwortungsvollen Quellen
FSC® C023577

Penguin Random House Verlagsgruppe
FSC® N001967

FOTOS: frechverlag GmbH, 70839 Gerlingen; lichtpunkt, Michael Ruder, Stuttgart (Cover), Elke Eder (alle übrigen)
PRODUKTMANAGEMENT & LEKTORAT: Sandra Aichele
HERSTELLUNG: Jessica Siebert
DRUCK: POLYGRAF PRINT spol. s r.o.

Materialangaben und Arbeitshinweise in diesem Buch wurden von der Autorin und den Mitarbeitern des Verlages sorgfältig geprüft. Eine Garantie wird jedoch nicht übernommen. Das Werk und die darin gezeigten Modelle sind urheberrechtlich geschützt. Die Vervielfältigung und Verbreitung ist, außer für private, nicht kommerzielle Zwecke, untersagt und wird zivil- und strafrechtlich verfolgt. Dies gilt insbesondere für eine Verbreitung des Werkes durch Fotokopien, Film, Funk und Fernsehen, elektronische Medien und Internet sowie für eine gewerbliche Nutzung der gezeigten Modelle. Bei Verwendung im Unterricht und in Kursen ist auf dieses Buch hinzuweisen.

4. Auflage 2023

© 2020 frechverlag GmbH, Dieselstr. 5, 70839 Gerlingen, einem Unternehmen der Penguin Random House Verlagsgruppe GmbH, München

ISBN 978-3-7724-4368-8 • Best.-Nr. 4368